サービス提供責任者のための

訪問介護計画 作成ガイドブック

監修 石田英一郎、坂本文典

著 高辻恵示、佐々木香織、平山智也

中央法規

はじめに

この本では訪問介護計画書の作成の方法を解説します。

訪問介護計画書は、作成しなくてはいけないとわかってはいても時間がかかり、ほかにも業務はたくさんあるため大変ですよね。サービス提供責任者向けの研修を受けても、その作成方法はよくわからないという方も多いです。

「そもそも訪問介護計画書は必要なのか？」「なくても大丈夫では？」とか「業務量が多くて書く時間がない！」などと思う方もいるかもしれません。

しかし、訪問介護計画書を理にかなった形で作成することは、とても重要なことなのです。理由は２つあります。

１点目は理にかなった計画があれば利用者の思いを大切にしたうえで、状態に適した介護サービスが提供できるので、**利用者の状態の改善、生活の質（QOL）の向上など利用者の利益になります**。この点については何となく理解できますね。

２点目は私たち**サービス提供責任者の業務負担が軽減される**ということです。特に２点目は今まで訪問介護計画書の作成を負担に感じていた方には理解しがたいことかもしれません。しかし、理にかなった計画というのは、利用者の望む生活を取り戻すために必要な課題や目的、目標などが定められています。そして、数々の情報が整理され、チームで意思統一された介護ができるということです。

たとえば、数人で旅行するときに、計画なしでいきなり電車に飛び乗る人はいるでしょうか？　行き先を統一し、乗る電車の時間を決めたりしませんか？　バラバラな行動では乗り換えを間違えたり、誰かが道に迷ったりして、目的地にたどり着けないかもしれません。思わぬ（マイナスな）ハプニングやトラブルが起きると旅を楽しむことができないですよね。

訪問介護計画書も旅行の計画と同じです。たとえば１人の利用者を数人のホームヘルパーが支援していたときに、それぞれがよいと思うことを、各々の方法でバラバラな介護をしていたら利用者は困惑しますし、苦情につながりかねません。

しかし、計画書があると目標が明記され、必要な情報を共有し、**各ホームヘル**

パーへの指示、指導が統一されるので同行指導が楽になります。苦情対応という業務の心配も軽減されます。また、毎月のモニタリングも「お変わりありません」のような様子報告ではなく、目標の達成度がとらえやすく、評価ができるようになります。

このように訪問介護計画書があることは、利用者にとって生活の問題を効果的に改善していくことができ、サービス提供責任者にとっても負担を軽減することができるのです。

もちろん、理にかなった訪問介護計画書を作成するには、それなりの方法と技術が必要となります。そこで、本書ではその点を、懇切丁寧に解説しています。

第１章では訪問介護計画書はなぜ必要なのか。その必要性の理由と、計画書があることによるメリットをお伝えします。

第２章では具体的に訪問介護計画書を作成するときの視点と考え方、作成手順を解説しています。居宅サービス計画（ケアプラン）と連動した計画書を作成するために、押さえておきたいポイントを事例などで説明していきます。

第３章では身近にある事例を使い、サービス提供責任者が訪問介護計画書を作成するまでの思考過程と、作成時に留意すべき点、考え方などを図や表を交えて解説していきます。

サービス提供責任者は単なるホームヘルパーのコーディネーターではありません。根拠に基づいた訪問介護計画書を作成し、利用者の自立支援に資する訪問介護を提供する「責任者」なのです。一見面倒くさそうにみえますが、そこには訪問介護が必要とする介護の専門性が詰まっているといっても過言ではありません。

本書は本文での解説以外に、計画書の作成だけでなくサービス提供責任者が知っておきたい豆知識や、サービス提供責任者の日々の活動に活かしたい考え方や視点、疑問などを“Column”、“サ責のつぶやき”として載せました。

ぜひ、本書をお読みいただき、介護の専門職として自信をもって利用者の支援をしていただければ幸いです。

2020年８月　吉日

CONTENTS

はじめに

第1章 訪問介護計画書は何のため？

1 訪問介護計画書がもたらす3つのメリット …… 2
① 利用者の生活の質（QOL）を向上できる …… 2
② ホームヘルパーへの指示を的確にできる …… 3
③ 実地指導に自信をもって対応できる …… 4

2 訪問介護計画書とは …… 6
① 訪問介護計画書が必要な理由 …… 6
② 居宅サービス計画書（ケアプラン）と訪問介護計画書の違い …… 7

3 訪問介護計画書はどうすれば作成できるようになるか？ …… 12
① 適切なアセスメントをする …… 12
② アセスメントの「考え方」を知る …… 14
③ 居宅サービス計画書（ケアプラン）の押さえどころを知る …… 16

第2章 訪問介護計画書の作成方法

1 利用者の情報を幅広く探る意味 …… 20
① アセスメントは情報の収集と分析からなる …… 20
② 情報収集とは「どうケアするか」を探ることではない …… 20
③ 同じ生活行為でも目的や価値観、希望が異なればケアは異なる …… 21
④ 身体介護でも基本的な考えは同じ …… 22

2 利用者の情報を幅広く収集する方法 …… 23
① 情報収集の3つのステップ …… 23
② 初回訪問まで時間的猶予がない場合 …… 28

3 利用者の情報を分析する …… 34
① 2つの原因分析の視点 …… 34
② 利用者の全体像から困りごとの原因分析・予後予測をする …… 36
③ 生活行為を細分化し、困り具合を確認する …… 49
④ 訪問介護計画書の作成 …… 56

4 居宅サービス計画書（ケアプラン）と連動する …… 66
❶ ケアプランと連動するには …… 66
❷ ケアプランの構造を理解する …… 67
❸ ケアプランが届いたらサービス提供責任者が確認すること …… 73
❹ ケアプランと連動した訪問介護計画書の援助目標の設定 …… 77

5 本当にその計画でよいのか評価をする …… 79
❶ サービス担当者会議でいろいろな「？」情報を聞いてみよう …… 79
❷ 必要なときはケアプランの変更を提案する …… 79
❸ ケアの評価をする …… 82

第3章 よくわかる！ 訪問介護計画書作成事例集

事例の読み進め方 …… 86

事例1 いつか自分の目で見て買い物ができるようになりたい利用者の事例 …… 88
事例2 麻痺があっても自宅でお風呂に入りたい利用者の事例 …… 97
事例3 認知症の夫とともに自宅で生活していきたい利用者の事例 …… 107
事例4 呼吸苦を抱えながらも家事がしたい利用者の事例 …… 121
事例5 「自分の目で見て買い物をしたい」という希望のある利用者の事例 …… 130
事例6 尿漏れの心配なく朝まで眠りたい利用者の事例 …… 139
事例7 母として息子のために調理を続けたい利用者の事例 …… 149
事例8 心疾患を抱えながらも友人と旅行に行きたい利用者の事例 …… 158
事例9 肺がん末期を娘の家で過ごす利用者の事例 …… 169
事例10 長年工夫をして生活を継続してきた関節リウマチの利用者の事例 …… 179

Column サービス提供責任者ってどんな人 …… 11
Column 訪問介護計画書の作成根拠 …… 17
Column アローチャートと細分化 …… 47
Column 訪問介護計画書作成のタイミングとサービス担当者会議 …… 60

サ責のつぶやき❶ 訪問介護独自の視点は暮らしぶり・生活の「場」を観ること …… 27
サ責のつぶやき❷ 訪問介護の「専門性」に基づいた情報収集 …… 32
サ責のつぶやき❸ 生活を観る（服薬状況と口腔機能の確認） …… 33
サ責のつぶやき❹ 共に行う身体介護とは？ …… 51
サ責のつぶやき❺ 依頼された時点でスクリーニングをかける …… 65
サ責のつぶやき❻ 訪問介護計画書があれば担当ホームヘルパーへの指示も迷わない …… 83
サ責のつぶやき❼ モニタリングには何をすればよいか …… 84

付録 …… 191
参考書籍紹介
おわりに
監修・執筆者一覧

第1章

訪問介護計画書は何のため?

1　訪問介護計画書がもたらす3つのメリット

訪問介護計画書の作成は、書類管理の煩雑さから、ネガティブなイメージをもつ人もいるのではないでしょうか。しかし、訪問介護計画書は作成すると「あってよかった！」と思える3つのメリットがあります。この章では、訪問介護計画書があることのメリットをお伝えします。

① 利用者の生活の質（QOL）を向上できる

理にかなった訪問介護計画書ができると、利用者の生活の質（QOL）を向上させることができます。なぜなら、訪問介護計画書はそもそも利用者の「望む生活をかなえる」ために存在しているからです。では、利用者の望む生活とは何でしょうか。

多くの利用者は、病気やけが、加齢などで、それまで当たり前のように過ごしていた日々の暮らしに不便が生じています。

そんなとき、「以前のように自分で買い物がしたい」「ご飯の準備がしたい」「自分で掃除がしたい」という望み（願い）が生まれます。その望み（願い）をかなえるために、サービス提供責任者は利用者が今どのような状態なのかを知る必要があるのです。そして、その状態を知り、望み（願い）をかなえるには何が必要であるのか考え、形にしたものが訪問介護計画書です。

訪問介護計画書に沿って支援を展開することは、利用者の望む生活（ホームヘルパーが共有すべき目標）と、支援すべき内容が統一され、利用者にとって質のよい介護の提供ができるようになります。それが、QOLの向上につながります。

②ホームヘルパーへの指示を的確にできる

訪問介護計画書があれば、ホームヘルパーが現場で迷うことが減ります。なぜなら、計画書の存在によって、訪問の目的が明確になるからです。自分の役割がわかり、利用者にとって何が必要な支援なのかはっきりします。

時々、サービス提供責任者にとってホームヘルパーの思いが強くて調整に困ることはないですか。たとえば、このような人です。

・自分の価値観を押しつけがち

・利用者の思いよりもホームヘルパーの考え（価値観）で判断してしまう　など

このような独自の判断でかかわってしまうホームヘルパーは、事業所内のチームにも悪影響がでてきてしまいます。では、どうしてこのようなホームヘルパーがでてしまうのでしょうか。

このホームヘルパーにはある共通点があります。それは、どの人も訪問すると調理や掃除等の行為をするだけで調理や掃除の目的をわかっていないということです。

本来、訪問介護は、利用者がもつ課題と、それを解決するために何をしなくてはならないかという訪問介護の目的を、サービス提供責任者はもちろん、訪問するホームヘルパー１人ひとりで共有しておく必要があります。

しかし、目的の共有がないと、それぞれが思い思いの目的や判断でサービスを提供してしまうため、バラツキのあるサービス提供につながってしまうのです。

では、どうしたらその目的や課題を共有することができるのでしょうか？

もうおわかりですね。それは、訪問介護計画書の存在です。

訪問介護計画書に記載されている課題や目標がより具体的であり、かかわるホームヘルパー全員に利用者の願いが共有されれば、何のために利用者を訪問するのかが具体的にわかり、ホームヘルパーも迷うことが減ります。その結果、思い込みや自分勝手な押しつけをすることもなくなるでしょう。

人は、手が届くかもしれない願いがあると、意欲がわきます。ゴールが見えていると、がんばることができるのです。

たとえ、ゴールにたどり着く前に息切れをしても、ゴールのある場所を知る仲間がいれば励ましあうことができるのです。チームの仲間にどのようなことをすればよいのかを伝えるその役割が、訪問介護計画書になるのです。

3 実地指導に自信をもって対応できる

行政職員が訪問介護事業所に来て、介護保険法に基づき適正なサービスが提供されているかをチェックする実地指導は、何を言われるのかわからず怖くて苦手、という人もいると思います。

しかし、訪問介護計画書がしっかりとしたプロセスをもって作成されていれば、そんな**実地指導も自信をもって対応できます**。なぜなら、計画書の存在で、利用者の支援の根拠を明確に説明できるようになるからです。

▶ 根拠をもって説明ができるようになる

訪問介護計画書が理にかなって作成されているということはどういうことでしょうか。それは**アセスメントができている**ということです。

もし、実地指導で「どうしてこのサービスを提供しているのか」と聞かれたら、あなたはその理由を説明できますか。アセスメントができているというのは、利用者の人となりをよく理解すること。そのうえで、利用者が何を望み、何を求めているのかを知っているということです。すると、支援する理由について、**根拠をもって説明できるようになります**。これができると、その望んでいることが介護保険で対応できることか、それ以外の社会資源でできることか判断できるようになります。

▶ 例：同じ要介護度でどうして所要時間が違うのか

たとえば、利用者にAさん、Bさんがいたとします。２人の要介護度は同じですが、サービス内容に違いがあります。どちらも生活援助ですが、Aさんは60分、Bさんは45分です。

もし、実地指導で算定の根拠を求められた場合、提供時間の違いに着目されたらどうしますか。「同じ要介護度であるのに、なぜ２人は同じサービス時間の援助ではないのか」と聞かれるかもしれません。

きっと実地指導をする職員のなかには、「1人で45分の支援が可能であれば、もう1人も45分の支援で十分ではないか。同じ支援時間・サービス内容でなければ不公平ではないか」と考えているかもしれません。

しかし、図1-1で示すように、同じ要介護度であっても、支援内容が同じにはならないということは、サービス提供責任者であれば当たり前と思うでしょう。

図1-1 同じ支援時間?

・Aさん
・生活援助60分
・脳梗塞で右片麻痺があるため、掃除ができない

・Bさん
・生活援助45分
・認知症のため、掃除の手順がわからなくなる

同じ要介護度であっても支援内容が全く違うため、同じ時間を要するとは限りません。しかし、第三者はそれがわからないため、きちんとその根拠を示す必要があるのです。

このとき、その利用者を**アセスメントした訪問介護計画書があれば、すぐに明確な根拠を示すことができます。**

このように、普段からしっかりとした訪問介護計画書を整えておけば、実地指導のために何か準備をしたり、何か言われることにびくびくしたりする必要はなくなるのです。

いかがですか。少しでもやってみようかな？　と思いましたか？　それではまずは基本に立ち戻り、「訪問介護計画書とは何か」を考えてみましょう。

理にかなった計画書は、利用者、私たち、公正な介護保険、それぞれによい影響を与えるんだね。

2 訪問介護計画書とは

① 訪問介護計画書が必要な理由

訪問介護計画書とは、居宅サービス計画（ケアプラン）で明らかにされた、利用者の**望む生活を困難にしている原因を解決していくための方法が具体的に書かれたもの**です。

なぜケアプランだけではなく、訪問介護計画書が必要なのでしょう。

▶ 利用者の生活の質（QOL）を高めるための重要な手段の１つ

あなたがグルメ旅行に行くことになったらどうしますか。

行き先や日程、宿泊先や交通手段を決めるなど、旅行の計画を立てると思います。

しかし、それだけで美味しい食事をするというグルメ旅行の目的は果たせるでしょうか。たとえば、行ってみたいお店の営業時間や定休日、メニュー、金額などの情報を事前に集め、より細かな行動計画を立てるのではないでしょうか。

訪問介護計画書も旅行の計画と同じです。ケアプランに示された「利用者の望む生活」という目的を実現するためには、生活に即し、より細かな情報を集めた**「利用者の生活の質（QOL）の向上」のための行動計画**が必要です。これに加え、具体的にホームヘルパーが支援する内容を書いたものが訪問介護計画書です。

つまり、訪問介護計画書は利用者の QOL を高めるための重要な手段の１つなのです。

ちゃんとした旅行の行動計画があれば、初めての土地でも不測の事態が減って、旅が楽しめるのと同じだね。

責任をもって支援していくことを約束する証

人の価値観はそれぞれ違うように、利用者も私たちサービス提供責任者も、一緒にチームを組みケアを提供するホームヘルパーも、価値観は同じではありません。ケアプランをもとに、私たちサービス提供責任者がアセスメントし利用者の課題を把握したとしても、その目的や支援内容、支援の方法がホームヘルパーに的確に伝わるとは限りません。まして複数のホームヘルパーが別々の曜日に対応する訪問介護においては支援内容が統一されず、現場のホームヘルパーの力量にまかされてしまうことが少なくありません。

そのため、ケアマネジャーからの依頼内容を確認したうえで、目標に対し**ホームヘルパーはどのようなアクションを起こしていくのか**、訪問介護の視点でとらえた**具体的な支援内容が明確にされた訪問介護計画書が必要**なのです。

そしてこの訪問介護計画書を利用者に説明し同意を得て交付します。これは、なぜ私たちがこのような支援を提供したのかという**支援の根拠**となり、**責任をもって支援をしていくことを約束する証**となるものなのです。

2 居宅サービス計画書（ケアプラン）と訪問介護計画書の違い

日々当たり前のように「ケアプラン」「訪問介護計画書」という言葉を使っていますが、介護保険法で使用する「計画書」について、整理しておきましょう。

表1-1 介護保険法で使用する計画書

介護サービス計画書（ケアプラン）	個別援助計画書（個別サービス計画書）
・居宅サービス計画書 ・施設サービス計画書 ・介護予防サービス計画書	・訪問介護計画書 ・訪問入浴介護計画書 ・訪問看護計画書 ・通所介護計画書　など

介護保険法で使用する「計画書」は(表1-1)に示すように整理することができます。なお、個別援助計画書は個別サービス計画書と呼ばれることもあります。

居宅サービス計画書（ケアプラン）は利用者の生活の全体像を示したもの

居宅サービス計画書（ケアプラン）は、利用者の生活の設計図です。利用者との面談や収集した情報などをもとに、主にケアマネジャーがアセスメントをし、作成します。

「これからどのような生活を送りたいか」などの目標を設定し、それを達成するために解決すべき課題は何かを示し、その課題解決に最も適切なサービスの種類や頻度を示してあり、**生活の基本計画（マスタープラン）**といえます。

訪問介護などのサービス事業所は、課題の解決・目標達成に必要な社会資源の１つとして位置づけられています。

個別援助計画書は問題解決のために各専門職が立てる計画書

個別援助計画書は、ケアプランをもとに、サービス事業所に依頼された介助行為について利用者本人の自立した生活のために、どのように支援していくのか、その方法が具体的に示されたものです。利用者の目指す生活を実現するためにケアプランに示された短期目標達成に向けて、それぞれの専門職の専門性を示した支援の内容が書かれています。ケアプランと比較すると個別援助計画書は、利用者の生活に即した、より具体的で現実的なものであり、いわば**支援の行動計画（アクションプラン）**といえます。

訪問介護計画書は訪問介護の立場から、サービス提供責任者がケアマネジャーから依頼された内容を、より具体的に細分化し利用者の残された力や改善の可能性、自立支援の視点をもって提供する支援内容を記載したものです。**提供するサービス主体ごとに、それぞれの個別援助計画書があります。**

支援方法は違うが目指す方向・目標は同じ

居宅サービス計画（ケアプラン）は、利用者の生活全体をマネジメントし、目指す生活の方向と目標を示しています。

一方で個別援助計画書はケアプランの目指す生活の方向と目標を踏まえたうえで、依頼された課題の解決に向けてそれぞれの専門職が立てた計画です。つまり、個別援助計画書はサービスごとに役割と支援方法の違いはあるけれど、ケアプランに定められた目標に向けて目指す方向・目標は同じということです。

ここで、利用者の望む生活の実現を登山にたとえて考えてみましょう。

目標である山頂は、利用者の望む生活です。

山頂を目指すいくつかあるルートのなかから、利用者の意向を聞きながらケアマネジャーがルートを決めていきます。

たとえば図1-2にあるようなルートのなかからロープウェイを使う「A ルート」で山頂を目指すことになったとすると「A ルート」がケアプランにあたります。

「『A ルート』で山頂を目指すにあたり協力するチームの皆さんと、役割分担をしたいのですがご意見はいかがでしょうか？」というのがサービス担当者会議になります。

ロープウェイ乗り場まで案内してくれる人、乗り方やチケットの買い方を教えてくれる人、乗っているときの注意事項を説明してくれる人、等々。それぞれの役割の具体的な方法を示したものが個別援助計画書になります。

サービスごとに役割と支援方法は違いますが、ロープウェイを使う「A ルート」で山頂を目指すことは同じということです。

図1-2 同じルートで山頂を目指す

訪問介護（に限らず各サービス事業所）は、同じ山頂に向けてバラバラの支援にならないように、依頼された内容を見るだけでなく、ケアプランに書かれた利

用者の生活の全体像を把握し、自らのサービスに依頼された「役割」を理解し、ケアチームのなかの「立ち位置」を確認することが大切です。

Column

サービス提供責任者ってどんな人

サービス提供責任者は介護保険制度において重要な役割を担う職種として誕生しました。

在宅生活を支援する訪問介護は大切な仕事であり、その利用者の自立支援、重度化防止の視点に立ち、よりよいサービス提供に責任をもつ人がサービス提供責任者です。サービス提供責任者は単なるホームヘルパー手配の調整員ではありません。サービス提供責任者には次のような役割があります。

「指定居宅サービス等の事業の人員、設備及び運営に関する基準」第28条第3項において、「サービス提供責任者は、第24条に規定する業務（訪問介護計画の作成）のほか、次に掲げる業務を行うものとする」とあります。

指定居宅サービス等の事業の人員、設備及び運営に関する基準

（平成11年3月31日 厚生省令第37号）

第28条

3　〔略〕

一　指定訪問介護の利用の申込みに係る調整をすること。

二　利用者の状態の変化やサービスに関する意向を定期的に把握すること。

二の二　居宅介護支援事業者等に対し、指定訪問介護の提供に当たり把握した利用者の服薬状況、口腔機能その他の利用者の心身の状態及び生活の状況に係る必要な情報の提供を行うこと。

三　サービス担当者会議への出席等により、居宅介護支援事業者等と連携を図ること。

四　訪問介護員等（サービス提供責任者を除く。以下この条において同じ。）に対し、具体的な援助目標及び援助内容を指示するとともに、利用者の状況についての情報を伝達すること。

五　訪問介護員等の業務の実施状況を把握すること。

六　訪問介護員等の能力や希望を踏まえた業務管理を実施すること。

七　訪問介護員等に対する研修、技術指導等を実施すること。

八　その他サービス内容の管理について必要な業務を実施すること。

＊実際はこの条文を参酌（＝参考に）し、各都道府県が条例を制定しています。

コーディネーター業務だけでなく、サービス提供責任者はやらなくてはいけないことがたくさんあって忙しくて大変！　という声もあるでしょうが、訪問介護は在宅介護の要のサービスです。訪問介護の専門職として、しっかりとした視点をもって利用者の暮らしを支援していきましょう。そのために、訪問介護計画書が作成できるように学んでいきましょう。

3 訪問介護計画書はどうすれば作成できるようになるか？

ここまで訪問介護計画書について、解説してきました。では、どうすれば、理にかなった計画書がつくれるようになるのでしょうか？

結論から言うと大切なのは以下の３つです。

① 適切なアセスメントをする

② そのためのアセスメントの「考え方」を知る

③ 居宅サービス計画書（ケアプラン）の押さえどころを知る

1 適切なアセスメントをする

▶ アセスメントには手間暇をかけよう

訪問介護計画書を作成する際にこんなことを考えたことはありませんか？

「訪問介護やサービス担当者会議に出かけることも多いから、ゆっくり訪問介護計画書をつくる時間がない！」

「退院など、急な依頼でアセスメントしている時間がない！　支援目標は、とりあえずケアプランと同じ目標にしよう」

サービス提供責任者は多忙です。現場に出ることも多いため、書類の作成やホームヘルパーの指導といった業務に支障が出てしまうこともあるでしょう。

こういった忙しさがあるなかで、訪問介護計画書の作成がなおざりになってしまっている人もいると思います。もし、効率的に作成できる方法があったらいいですよね。

訪問介護計画書の作成には、多くのサービス提供責任者が苦慮していると聞きます。解決には何が必要でしょうか。

それは『アセスメント』です。

「アセスメント」？　そんなものに時間をかけたら余計に余裕がなくなっちゃう…。

そう思いましたか？

逆なのです。「アセスメント」にこそ、時間をかける価値があります。

アセスメントは問題の「火の元」を探る作業

アセスメントがおろそかであるというのは、利用者がもつ問題の根本的な原因をそのままにしていることと同じです。これでは、場当たり的な対処だけしかできません。つまり、その場は乗り切れても、忙しさを改善することはできませんし、ましてや利用者の困りごとの解決にはなんら貢献できません。

たとえば、目の前に煙が現れたとしましょう。これをなくそうといくら手で払おうとしても、煙の発生源（火の元）を絶たなければ、ずっと煙は立ち上ります。そのたびに払い続けていても一向に煙はなくなりません。

いうなれば、アセスメントとは、火の元を探ることと同じです。もし、利用者からの要望のみに応えようとするあまり、アセスメントをおろそかにし、**問題の根本原因に目を向けていないと、やることが増え、かえって負担が増えます**。

適切なアセスメントがなされ、適切なケアが行われると、利用者の生活の質（QOL）は向上し、**結果として、サービス提供責任者の負担は軽減される**のです。

アセスメントが「根拠」になる

当然、適切なアセスメントは、利用者の支援をするうえで最も大切な過程の1

つです。

アセスメントをするとどのようなことがわかるのでしょう。

① 利用者の全体像を把握することができる

全体像を把握することで、困りごとが生まれている原因がみえてきます。また、その困りごとを放っておくと、どんなリスクが起こるのかもわかります。

② 利用者の具体的な困りごとを把握することができる

「困りごと」と一括りにするのではなく、困りごとの中で、どこができないのかを見つけ、本当に困っていて、支援の手が必要な部分を考えることができます。

また、具体的な困りごとをどのように解消し、改善したいと利用者が考えているか、その困りごとが介護保険サービスの訪問介護で対応できることなのか、他の社会資源で対応することなのかを見極めることもみえてきます。

アセスメントは利用者の理解だけでなく、訪問介護計画書の目標や支援内容の検討など、書類を作成する際の根拠となります。肝心要は、ずばり『アセスメント』なのです。

2 アセスメントの「考え方」を知る

物事には手順が必要

物事には手順が必要です。料理にたとえてみましょう。

肉じゃがをつくろうと思ったら何をしますか？　まずは、材料をそろえます。ですが、それだけでは完成しません。①材料をそろえる→②材料ごとに下ごしらえをする→③材料を炒める→④だし汁や調味料を入れる→⑤煮込むという手順をふみます。この手順を知らなければ肉じゃがはつくれません。

手順がわからなければ作業ができないというのは、アセスメントも同じです。試しに、アセスメントは、具体的に何から始めて、次に何をして……というような手順について、説明できる人はいますか？

この問いに即答できる人は、ごく限られていることでしょう。

「介護過程」の教科書等には、「利用者本位で」といった言葉がみられますが、それはアセスメントの手順ではなく方針です。したがって、これだけでは利用者本位の計画はつくれません。「甘めの味つけで」といったところで、どの段階でどのくらいの砂糖を入れるのかの指示がなければ甘めの肉じゃががつくれないのと同じです。

アセスメントに対して多くの人が感じている「難しさ」は、この手順を知らないことにあるのではないでしょうか。

アセスメントのやり方は明確になっていない？

ほかの書籍などでは、「情報の収集→分析→生活課題の明確化→目標の設定」という、訪問介護計画書の作成の流れについては共通しています。

しかし、具体的なやり方を記載しているものは少なく、こう考える（アセスメント結果）から、この目標になった！　というように訪問介護計画書作成の実態がほぼみえてきません。

たとえるならば、集めた情報を「どう分析したか」が外から見えない箱のなか（ブラックボックス）にある状態です（図１－３）。

図1-3 頭のなかのブラックボックス

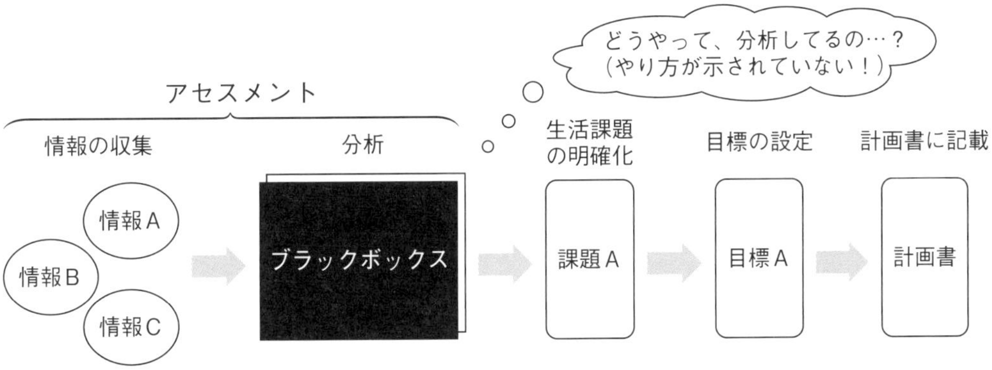

やり方を覚えればアセスメントができる

しかし、本書では、あえてそこに挑みます。アセスメントシートを埋めて終えるのではなく、図１－３のブラックボックスの中身がどうなっているのかを「アローチャート」と「細分化」という手法を使って解き明かすことで、誰にでもアセスメントがわかるように工夫しています（第２章３参照）。とはいえ、とても簡単な方法です。誰にでもできますのでそんなに構えなくても大丈夫です。

3 居宅サービス計画書（ケアプラン）の押さえどころを知る

訪問介護計画書の作成にはケアマネジャーのつくる居宅サービス計画書（ケアプラン）の理解も欠かせません。特に、ケアプランとの整合性と連動性を確認することが重要となります。

そのため、ケアプランをより深く理解することが、理にかなった訪問介護計画書につながります。

しかし、ケアプランの理解と聞くと難しく感じてしまう人が多いのではないかと思います。実は、それは単に習ったことがないからというだけかもしれません。

整合性や連動性と言われてもよくわからない。
どうすれば、ケアプランを読み解けるのかなぁ？

その悩みにお答えするために、ケアプランの押さえどころも確認していきます。

「ケアプランと訪問介護計画書……それぞれどこを見れば整合性や連動性がわかるのか」「利用者本人やケアマネジャーは訪問介護に何を求めているのか」「訪問介護がやらなければならないことは何か」「課題となっている事柄に対し、訪問介護は誰と連携して解決していくのか」等を確認していきましょう。

ケアプランを読み解くコツをつかめば、理にかなった訪問介護計画書をつくる近道になります。

Column

訪問介護計画書の作成根拠

サービス提供責任者が訪問介護計画書を書く意義や意味、その重要性について法的根拠をきちんと知っておきましょう。

サービス提供責任者の仕事は実はしっかりと「介護保険法」に基づいて制定された「運営基準」を参酌した都道府県の条例で定められています。条例のため、当然従わなければならない法的拘束力のあるものです。

つまり、訪問介護計画書は作成していないと運営基準違反になってしまうのです。このように、私たちの仕事は社会的にも責任ある仕事なのです。

サービス提供責任者は、実際に法的拘束力のある省令や条例によってどのようなことが義務づけられているか一度は見ておくべきです。すべて覚える必要はありませんが、自分たちの仕事がこのように規定されていることは常に心のどこかに思いとどめておくようにしましょう。

指定居宅サービス等の事業の人員、設備及び運営に関する基準

（平成11年3月31日
厚生省令第37号）

第2章　訪問介護

第4節　運営に関する基準

（訪問介護計画の作成）

第24条　サービス提供責任者〔中略〕は、利用者の日常生活全般の状況及び希望を踏まえて、指定訪問介護の目標、当該目標を達成するための具体的なサービスの内容等を記載した訪問介護計画を作成しなければならない。

2　訪問介護計画は、既に居宅サービス計画が作成されている場合は、当該計画の内容に沿って作成しなければならない。

3　サービス提供責任者は、訪問介護計画の作成に当たっては、その内容について利用者又はその家族に対して説明し、利用者の同意を得なければならない。

4　サービス提供責任者は、訪問介護計画を作成した際には、当該訪問介護計画を利用者に交付しなければならない。

5　サービス提供責任者は、訪問介護計画の作成後、当該訪問介護計画の実施状況の把握を行い、必要に応じて当該訪問介護計画の変更を行うものとする。

6　第1項から第4項までの規定は、前項に規定する訪問介護計画の変更について準用する。

※色文字は著者

第2章

訪問介護計画書の作成方法

1　利用者の情報を幅広く探る意味

この章では、訪問介護計画書の作成方法をみていきます。ケアマネジャーから依頼があった後、何をして、どうアセスメントをし、どのように計画として落とし込んでいくかを解説します。

①アセスメントは情報の収集と分析からなる

アセスメントは、情報の収集と分析からなります。

情報の収集は当たり前のことですが、利用者の生活の状況や医療的な情報を集めることです。情報の分析はその集めた情報から利用者に最適な支援を導き出すために、その情報を解釈し、関連づけ、統合化することを指します。

本項目ではまず、訪問介護のサービス提供責任者として、どのような視点でどのような情報を収集すればよいのかを説明します。

②情報収集とは「どうケアするか」を探ることではない

情報収集で大切なのは利用者の情報を幅広く探ることです。では、なぜそれが大切なのでしょうか？　そして、幅広く探るとはどういうことでしょうか？

もし、サービス提供責任者であるあなたの訪問介護事業所にケアマネジャーから「調理をお願いします」という新規の依頼があったらどのように考えますか。

「1時間で何品つくれるだろう？」「何をつくったら喜ばれるだろうか？」

などと考えがちではありませんか？　訪問介護の情報収集で必要なのはこのような「どうケアするか」ではありません。それだけでは、利用者が望む「調理」にはならないからです。

依頼があったとき、あなたはケアマネジャーがこの利用者に「調理」が必要と思った理由をきちんと聞いていますか。その利用者が望む「調理」か、または何のための「調理」をするか確認しているでしょうか。

3 同じ生活行為でも目的や価値観、希望が異なればケアは異なる

同じ「調理」の支援でも、利用者が訪問介護に「食事をつくってほしい」のか、はたまた、「下ごしらえしてもらいたい」のかでは訪問介護の「調理」の目的もケアの方法も異なってきます。

利用者が訪問介護に何を望んでいるか以上に**利用者が調理に対してどう思っているか／何を望んでいるか**という視点はとても重要です。なぜなら調理への向き合い方、希望によって、ケアの目的や方法は大きく（時には180度）変わってしまうことがあるからです。

たとえば、「妻として長年連れ添った夫のために食事をつくり続けたい」や「市販の惣菜ではなく夫の育てた野菜を使って、偏らない食事をつくりたい」という主訴をもった新井結美子さんという利用者について考えてみましょう。新井さんの主訴は「食事に対する新井さんの考え」です（表2－1）。

つまり、新井さんは、**最終的に自分で調理がしたいのであって、単にホームヘルパーに調理を代行してほしいわけではない**のです。

表2-1 新井結美子さんの例

氏名：新井　結美子さま	女性　○年7月3日生　（76歳）
主訴：「妻として長年連れ添った夫のために、食事をつくり続けたい」 「市販の惣菜ではなく夫の育てた野菜を使って、偏らない食事をつくりたい」 「もう入院したくない」	

よくありがちなことは「調理」の依頼があると、何の疑問ももたずにホームヘルパーが代行する調理が位置づけられてしまうことです。

「調理をしてほしい」と「自分で料理ができるようになりたい」では、全く違うニーズであり、対応の仕方も違ってくるはずです。ホームヘルパーが利用者本人の代行をするための調理支援なのか、いずれ自分で調理をできるようにするた

めの調理支援なのかでは目的が大きく変わります。

4 身体介護でも基本的な考えは同じ

ここまでは、「調理」という生活援助での視点で考えてきましたが、これは身体介護でも基本的には同じです。

たとえばケアマネジャーから、「入浴」の依頼があった場合、利用者が希望する入浴支援や、入浴に対する想い、希望を知る必要があります。

「入浴」ひとつとっても、さまざまな好みがあります。

・湯に必ずつかる人／シャワーだけで済ませる人
・湯につかる時間が長い人／短い人
・湯の温度は熱めがいい人／ぬるめがいい人

病気や身体の状態で以前のようにはできないのだから、以前の状態など把握せずに、今の状態だけを把握して安全な入浴の支援につなげればよいだろうと思うかもしれません。ですが、考えてみてください。確かに私たちが第一に考えなければならないことは安全性ですが、それだけで利用者の意欲的な生活につながるでしょうか？　自分の望む「入浴」をかなえることができたら、それだけで生きる意欲につながると思いませんか？

・どのような「入浴」がしたいのか
・どの程度動けるのか／この先、どのくらい動けるようになるのか
・それには、どのようなケアが必要か

こういったことを考えることで、**利用者の個々に応じて意欲を高めるようなケアにつながる**のです。

ここまでのポイント！

- 依頼内容をどうするかではなく、依頼されたケア内容に対して利用者が何を望んでいるのかを考えましょう。
- 依頼内容の情報だけをピックアップするのではなく生活全体のなかで利用者が担うその行為がどのような役割をもっているかを考えましょう。

2 利用者の情報を幅広く収集する方法

① 情報収集の３つのステップ

まず、訪問介護の情報収集では、生活援助、身体介護どちらであっても下記の３つの視点をもちましょう。

表2-2 訪問介護独自の視点の具体例

①	利用者の生活スタイルやこだわり
②	依頼されたケアの内容を細かく観る
③	日ごろの暮らしぶりをとらえる

ステップ１：利用者の生活スタイルやこだわりに目を向ける

「①　利用者の生活スタイルやこだわり」については、たとえば認知症や脳血管障害による失語症等の後遺症などで情報を本人から聞き取れない場合は家族や近しい人から聞きます。利用者がどのような生活を望んでいるのか、過去の生活歴を知ることで、本人のこだわりなどを知ることができます。

大切なのは利用者が何を望み、どのように考え、どうしていきたいのかという想いです。これを知ることで、１人ひとりに合わせた訪問介護計画書を作成することができます。

ステップ２：依頼されたケアの内容を細かく観る

利用者のどのように生活していきたいかという「想い」を知るだけでは、自立支援につなげることはできません。まずは、依頼されたケアをするにあたり、該当する生活行為に関する情報を細かく観る必要があります。

たとえば「調理」の依頼では、「何をつくるか」だけではなく、

① その人にとって食事へのこだわりはどうであるか
② 好きな献立は（味つけ→塩分や嗜好）
③ 台所に立っていることはできるか
④ 福祉用具はどんなものを使っているのか
⑤ 調理道具を使えるか
⑥ 食器はどのようなものを使っているか
⑦ 鍋はどのようなものが適しているか
⑧ 食事はどこで食べているか
⑨ 自宅内に段差はないか（動線上にものなど置いていないか）

など、一連の調理工程を思い浮かべ、どんなことが必要になるのかを徹底的に細かく観てみましょう。

ステップ3：日ごろの暮らしぶりをとらえる

利用者の生活スタイルやこだわりの確認、依頼されたケアを詳しく検証した後はサービス提供責任者は**依頼されたケアの情報だけでなく、利用者の暮らしぶりをとらえる**必要があります。

一見、訪問介護計画書の作成には関係なくても、普段の生活を知ることでホームヘルパーがいない間の利用者のリスクを留意事項に反映することができるため、とても重要な視点です。

たとえば、下記のような視点です。

・いつも利用者が動線上にものを置いていて、転倒につながるリスクがある
・片手鍋しか使っていないのに、両手鍋を使い片麻痺のある利用者が片づけることができなかった

先ほどの新井さんの例で考えましょう。調理の支援が必要な新井さんですが、もし、既往歴や現病歴に「高血圧症、脳梗塞」とあり、「健康状態」を確認すると「服薬と食生活の改善に取り組むことで病状の安定が見込まれる」と記されていたら（表2-3）、調理の支援にどう影響するでしょうか？

その場合、塩分への配慮、栄養バランスの配慮が必要ということがわかります。もしこの情報を見ておらず、一般の人と同じ食事を提供してしまうと、新井さん

は思わぬ医療的リスクに直面してしまいます。

このように考えると、健康状態などは依頼されたケアには一見関係ないように思えますが、実は全体的な情報の確認にはとても大切であることがわかります。

表2-3 新井結美子さんの追加の情報

健康状態	高血圧症、脳梗塞については服薬と食生活の改善に取り組むことで病状の安定が見込まれる。
既往歴／現病歴	高血圧症（40代〜）、脳梗塞（75歳）

表２-３は表２-１で取り上げた新井結美子さんの情報を増やしたものです。

これだけの情報ですが、アセスメントや援助目標を立てるうえでたくさんのヒントが隠れています。切り取られた基本情報のなかで、足りないと感じる部分もあるでしょう。

たとえば、右上肢が使えず左手を使う練習をしているというが、どの程度動くのだろうか。室内は歩行可能だがふらつきがあるというが、「ホームヘルパーと一緒に調理を行う」と考えたときに台所に立つことはできるのか。または、時間にするとどのくらい立って作業ができるのか。具体的な動作、所要時間は？　など、気になることはたくさんあります。

訪問していない間の情報を把握する

ステップ３の「日ごろの暮らしぶりをとらえる」にはもう１つ意味があります。それは訪問していない間の情報の把握です。

１日は24時間ありますが、ホームヘルパーが訪問している時間は30分から多くても60分程度です。訪問頻度も毎日ではなく、週２回という場合もあります。

サービス提供責任者は、利用者の生活を支えるために、ホームヘルパーが利用者の自宅を訪問していない時間のことも想定しておく必要があります。

たとえば、普段の様子や家屋の状態をよく観察しておきましょう。利用者が普段過ごしている部屋、座っている場所の周りにおいてあるもの、愛用している小物や食器、などです。いつも置いてある場所やものがどんなものであるか、など知っておけば、そこにいつもと違うものが置いてあった場合またはそのものがなかった場合、来訪者の存在を確認することができるでしょう。

今までなかった高価な新しい布団や貴金属等があれば、注意しておく必要もあるでしょう。いつも使っている調味料がどこのメーカーであるかわかっていれば、買い物の傾向がわかります。

ほかにも、たとえばお茶殻がいつもより多く廃棄してあれば、来客があったことが推測できますし、食材の残飯を見れば食事の摂取量や内容も推測できます。

それらの情報は、ホームヘルパーが訪問していない時間の利用者の様子を知るうえで重要です。なぜなら、訪問介護計画書に服薬の記入がなくても、ごみ箱に薬のごみがみられない場合には「服薬がうまくできていないのではないか」と仮説を立てることができ、それにより起こり得るリスクを想定できるからです。そうすれば、モニタリングを通して援助目標の検討をケアマネジャーに提案することもできます。

「幅広く」とは依頼されたことだけにとらわれず、利用者や利用者宅の環境を広い視点で観察するということだね。

サ責のつぶやき 1

訪問介護独自の視点は暮らしぶり・生活の「場」を観ること

サービス提供責任者が初回訪問のときや定期訪問で利用者の自宅を訪れる際、家の中のどんなところを観ているのでしょう。家はその人のこだわりや生活歴を表しています。人は加齢とともに暮らしの工夫をして生きています。

困りごとや身体の変化を観るだけでなく、現在に至るまでの暮らしぶりや工夫を広く観察してみましょう。認知症や脳梗塞の後遺症、失語症などにより、自ら訴えをすることが難しい人の生活スタイルや過去の想いを知る手だてにもなります。

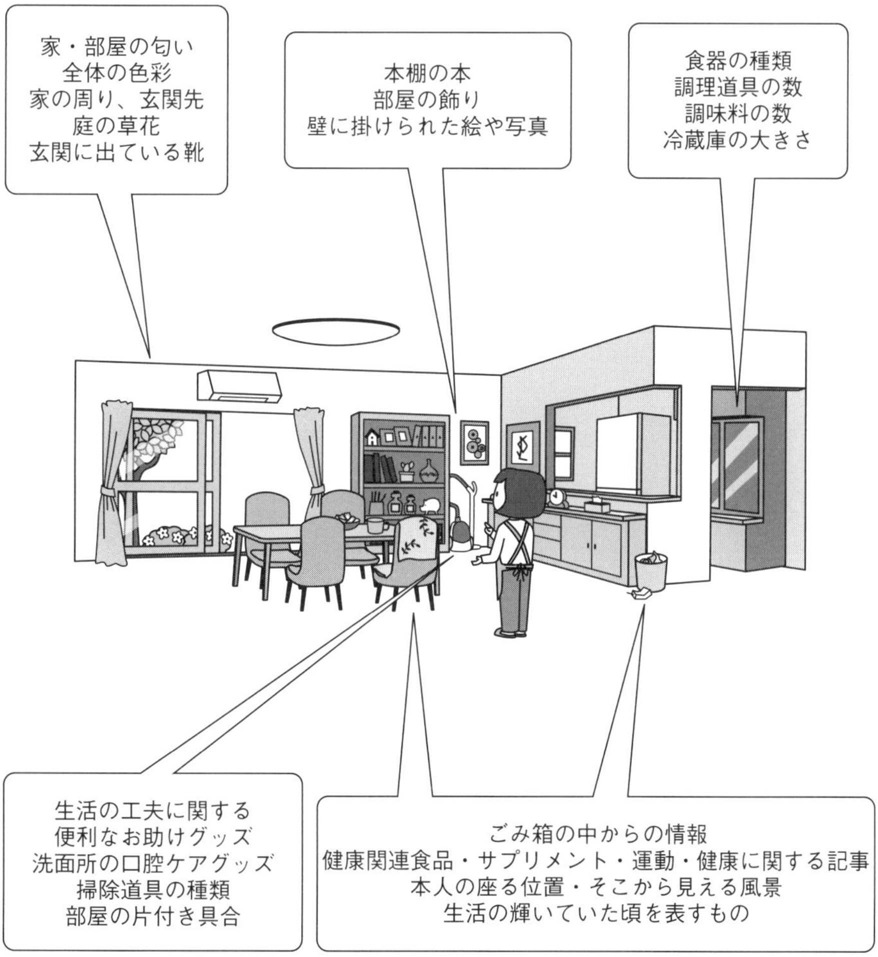

2 初回訪問まで時間的猶予がない場合

▶ 依頼から訪問介護計画書作成までの流れ

これまで述べたことが、訪問介護計画書を作成するうえで基本的な進め方です（図２－１）。

図2-1 通常の場合

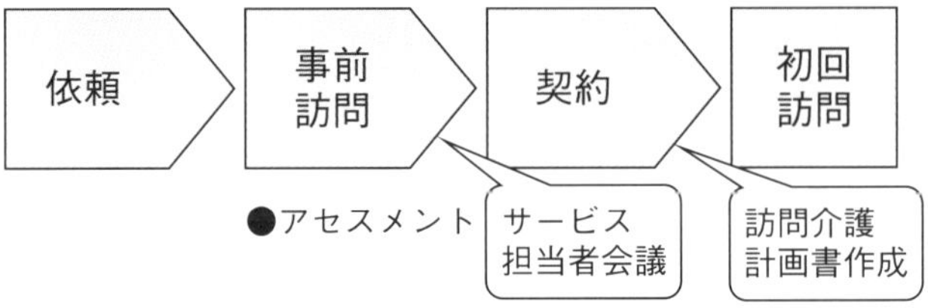

図２－１は、通常依頼された場合です。契約の前に利用者の自宅に訪問し、ホームヘルパーが訪問する目的を説明し、了解をもらいます。事前訪問の段階で利用者の状態、家屋の状態、状況をアセスメントします。この場合は段階を踏んで初回訪問に望めますので、アセスメントに時間をかけることができます。

▶ 初回訪問まで時間的猶予がない場合

一方、毎回ケアマネジャーからの依頼が理想どおり進むとは限りません。

「退院が決まったから、その翌日から訪問してほしい」「要介護認定はおりていないけど、暫定で訪問してほしい」といわれることも少なくありません。その場合、訪問介護計画書を暫定で作成しなくてはならないこともあるでしょう（図２－２）。

図2-2 初回訪問まで時間的猶予がない場合

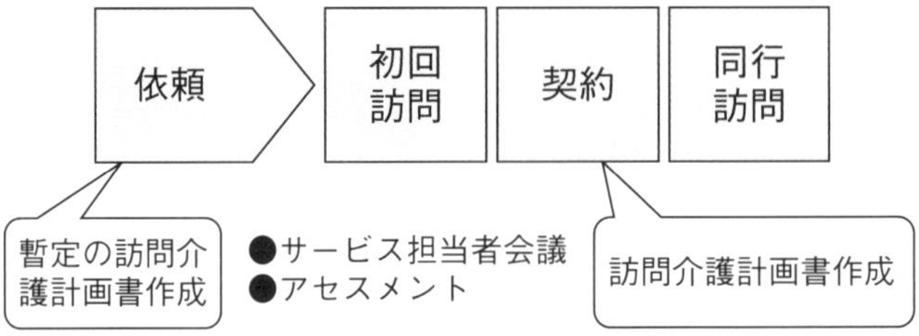

この場合は、依頼時にケアマネジャーから利用者の情報を詳しく聞き取り、暫定の訪問介護計画書を作成します。暫定の訪問介護計画書になるので、詳しい内

容が聞けなかった場合は、サービス担当者会議、または初回訪問時に利用者本人、家族に確認し、計画書をその場で訂正しましょう。

ケアプランをもらったら、暫定の訪問介護計画書と照らし合わせ、ケアプランに沿っているか確認し、必要に応じて変更します。変更した場合も、利用者への説明・同意をもらいます。

暫定の訪問介護計画書を作成する場合、支援開始までに最低限必要な情報が必要です。また、緊急の場合はケアマネジャーも利用者の情報を把握していないことがあります。お互いに足りない情報を補いながら、問題・課題の共有化を図っていきましょう。

初回訪問まで時間的猶予がない場合の情報収集

初回訪問まで時間的猶予がない場合、どのような情報があれば暫定の訪問介護計画書ができるでしょうか？

たとえば「今日、退院するので明日から訪問してほしい」という依頼の場合、リスク回避のため最低限必要な情報は、疾病、服薬状況、身体状況、世帯状況、他関係機関などです。1つずつみていきましょう。

【疾病】

現病歴、既往歴を確認したうえで、今後自宅で起こりうるリスクを想定します。現病が脳血管障害であれば、脳血管障害から関連して起こりうる後遺症等がないかです。その他、どのようなリスクが想定されるのか、調べておくことも大切です。

【服薬状況】

現在の服薬状況と服薬のリスク、副作用について情報を収集し、訪問介護計画書に留意事項として記入しましょう。リスク回避のためには、必要な情報は記入しましょう。いつもと状態が違うと認識した場合、想定できるリスクがわかっていれば素早い対応が可能となります。

これは、ケアの内容に直接必要な情報ではないように思われがちです。しかし、生活全体をみると、食生活等に大きくかかわる情報です。ケアをするために必要な情報として共有化する場合があります。その場合、訪問するホームへルパーに注意を促すことができます。

（留意事項の記入例）

留意事項等	血液凝固剤服用のため、グレープフルーツや納豆は飲食不可。

【身体状況】

たとえば、排泄介助が支援内容ならば尿意の有無、排泄状況（どのような排泄をしているのか？　おむつを使用しているのか等）も確認し、援助目標の検討材料として改めて分析していきましょう。その他、現病からの後遺症、麻痺の状況、拘縮の有無、歩行の状況、認知機能等も含まれます。

時には、ケアマネジャーも詳しく情報を把握していない場合があります。そのような場合は、現病から想定される後遺症や身体状況を想定しておき、サービス担当者会議や初回訪問のときにすぐ確認できるようにしておきましょう。

【世帯状況】

１人暮らしであるのか、同居であれば、誰と一緒に暮らしているのか、または、キーパーソンが誰になるのか確認しましょう。緊急時の連絡先も併せて確認しておきましょう。

【他関係機関】

ケアマネジャーと訪問介護だけではなく、ほかに連携する関係機関があれば聞いておきましょう。目標を達成するために連携していく相手であるかもしれないのです。

また、常に使用している福祉用具があれば、ホームヘルパーがかかわることにもなります。使用する福祉用具について正しい使用方法等も確認しましょう。

以上が初回訪問まで時間的猶予がない場合の情報収集となります。

ただし、これで終わりではありません。**この後に「利用者の情報を幅広く収集する方法ステップ１」（p.23）につながっていきます。**

ここまで紹介したとおり、訪問前からたくさんの情報のやり取りが必要になります。

利用者とのかかわりの留意点

退院したばかりでサービスを受け始めたときには、利用者の気持ちに変化がみられます。サービス提供責任者はその**利用者の気持ちの変化に気づき**、対処が必要な場合は、ケアマネジャーに相談しましょう。**「気持ちの変化」はサービス提供責任者だけでなく、担当のホームヘルパーによる観察からの報告も必要**です。

気持ちが変化するということは、訪問介護計画書もすぐに変更になることがあります。また、訪問して日が浅いホームヘルパーやサービス提供責任者に利用者が本心を語るということはなかなか難しいでしょう。じっくり時間をかけ、かかわり合うなかで語ってもらえる関係をつくっていきましょう。

ここまでのポイント!

- 暫定の訪問介護計画書を作成したら、それで終わりではありません。必ず、変更はないか確認しましょう。
- 依頼から初回訪問まで日数がない場合は、密にケアマネジャーと連絡し合い情報の共有化を図りましょう。
- ケアマネジャーが計画を立ててから先はサービス提供責任者の役割です。
- ケアマネジャーから依頼があったら、依頼された「行為に伴う想い･行為動作」「一連の行為のなかで何ができないのか」「事前情報との違い」を確認することがサービス提供責任者のアセスメントになります。

サ責のつぶやき 2

訪問介護の「専門性」に基づいた情報収集

現在、厳しい介護保険財政のもと、訪問介護の生活援助はその必要性が疑問視され、家族やボランティアになるべく任せていこうという流れになっています。しかし、私たち訪問介護が提供する生活援助は本当に必要ないのでしょうか？

ここで、「生活援助」の専門性について考えてみましょう。

訪問介護の「生活援助」の専門性とは

たとえば、清掃の依頼を受けたホームヘルパーは、利用者の部屋をきれいに掃除するでしょう。しかし、単に掃除だけが業務ではありません。その利用者はなぜ掃除が必要なのか？　自分でできることは何か？　自分で行うには難しいところはどこか？　**本来ならばそういったことを考えたうえで計画を立て、ケアに入ります。**

介護が必要ということは、望む生活を阻害する何かを利用者が抱えているということです。そこで、サービス提供責任者は、利用者の介護が必要になる前の普段の生活を知り、現在の日常生活との間に乖離はないか（無理な動線、動き、転倒のリスクは隠れていないか）を観察します。

このように、**利用者の状態や生活に関する改善可能性をとらえるためには原因の把握が必要**です。それが**アセスメント**になるのです。これが家族介護や掃除をすることだけが目的の掃除代行業者との違い、すなわち**「専門性」**と考えられます。

訪問介護計画書を作成してこそ「専門性」をアピールできる

では、細やかなアセスメントをするだけで生活援助の専門性をアピールできるでしょうか。どんなに、細やかなアセスメントをしても、それが形となって現れなければ自分以外の人には伝わりません。

つまり、アセスメントをもとに目標が明確化され、1つひとつのケアがより具体的に記載された訪問介護計画書が作成されることで、生活援助はもとより、訪問介護の「専門性」を示すことができるのです。

細やかなアセスメントとそれを表した訪問介護計画書の作成は訪問介護の専門性をアピールし、社会的意義を示すためにも必要です。

サ責のつぶやき 3

生活を観る（服薬状況と口腔機能の確認）

2018年の介護保険制度の改正で、サービス提供責任者は利用者の服薬状況と口腔機能の状態の情報提供をケアマネジャー等にすることが義務づけられました。

それは、自宅において身近な存在であるホームヘルパーが、これらの状況を発見できる立場にあるとされているからです。

大半の高齢者は何かしらの薬を飲んでいます。さらに、複数の病院や診療科にかかっている多科受診をしている人も大勢います。

各診療科から薬が出されると、多量の薬を飲むことになります。正しく服用することが基本ですが、飲み忘れだけでなく、自分で飲む薬を選別したり、飲む際に薬を落としてしまったり、同じ効能の薬を複数飲んでいる人もいます。大半の薬には副作用があり、処方された薬を高齢者が自己管理するのは難しい場合が多いです。

また、処方された薬との飲み合わせなどに注意が必要なサプリメントや、健康食品があります（クロレラ・青汁・納豆・グレープフルーツなど）。

服薬確認は、掃除の際に床に落ちている薬を見つけたり、ごみ箱のなかのものをみることから確認することもできます。利用者との会話から把握することもできます。

口腔機能は、食べることや話すことにおいて重要な役割をもちます。口のなかにトラブルを抱えると、健康維持に必要な栄養を十分に摂取できなくなるだけでなく、歯の欠損や口臭があると羞恥心から社会に出にくくなり、ひきこもりがちになることもあります。栄養低下やひきこもりは廃用症候群（生活不活発病）の原因にもなるため、未然に防ぎたいものです。

口腔状態の把握は洗面所に置いてある口腔ケア用品を確認することで口腔ケアに対する意識を読み取ることもできます。口腔内環境の悪化は栄養を摂取することができなくなることにつながり、要介護状態を引き起こす原因にもなるため状態把握が必要なのです。

依頼されていなくても、利用者の暮らしぶりを注意深く観察しないとね

3 利用者の情報を分析する

訪問介護計画書を作成するうえで、大切なのは利用者が何を望み、どのように考え、どうしていきたいのかを確認することです。しかし、想いだけでは自立支援や改善、維持につなげることはできません。目標を立て、それをどうしたら達成できるのかという具体的な手段、方法を考えることが必要です。

では、どうすれば目標を導き出すことができるでしょうか。

1 2つの原因分析の視点

第1章でアセスメントの重要性を確認しました。しかし、アセスメントにおける「分析」については、具体的なやり方が示されていない（図2－3）こともわかりました。では、いよいよアセスメントの情報分析の方法に迫っていきましょう。

図2-3 頭のなかのブラックボックス（図1－3と同様）

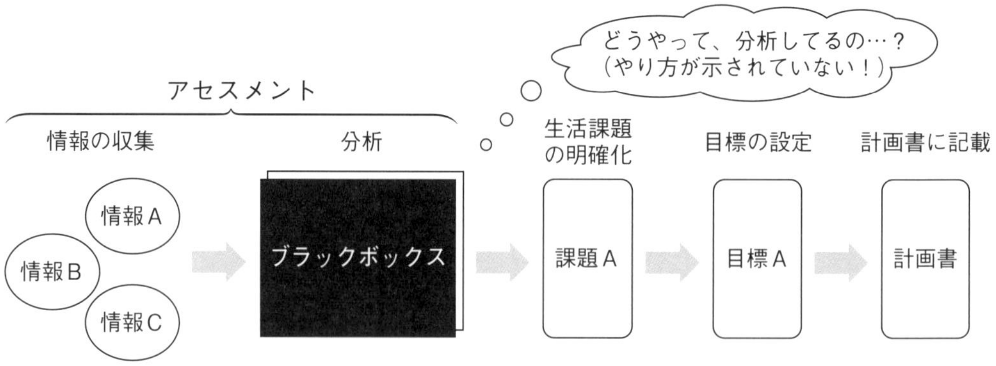

サービス提供責任者が訪問介護計画書を作成するうえで必要なアセスメントは大きく分けて、2つのステップがあります。

ここでワンポイント

アセスメントの「分析」の２つのステップ

ステップ１　利用者の全体像から困りごとの原因分析・予後予測をする
ステップ２　生活行為を細分化し、困り具合を確認する

▷ 利用者の全体像から困りごとの原因分析・予後予測をする

ケアマネジャーから届く基本情報（フェイスシート）やケアプラン等の情報を使い、利用者の全体像から「困りごとはなぜ生まれているのだろう」という原因分析と「困りごとを放っておくと、どうなってしまうのだろう」という予後予測を行います。

たとえば、入浴介助を依頼されたとしましょう。「入浴」の介助をなぜ、依頼しなくてはいけなくなったのでしょうか。身体が動かせなくなったから？　認知機能が低下したから？　など**原因を確認**します。

また、「入浴」ができないままでいると、どうなってしまうでしょうか。スキントラブルにつながる？　体臭が強くなる？　など**起こり得るリスクを予測**します。これが、原因分析と予後予測を行う視点です。

この作業を行うことでケアプランと訪問介護計画書の連動や援助目標を定める際のヒント、困りごとを放っておいた先に起きるリスク、配慮する事項を知ることができます。

▷ 生活行為を細分化し、困り具合を確認する

ケアマネジャーから訪問介護に依頼があったサービスの内容というのは、利用者が今、困っていることであると考えられます。その困りごとをもう少し**細かく分けて、どこが、どのように困っているのかを具体的に確認していきます。**

ステップ１と同様に入浴介助の依頼があった場合を考えてみましょう。このとき、「入浴」と一括りに考えるのではなく、入浴で行う動作を細かく分けて確認していくことが生活行為を細分化する視点です。皆さんが普段の業務のなかで無意識に確認していることが具体的な困りごとを細分化する視点であり、サービス提供責任者の独自の視点です。

この作業を行うことで訪問介護計画書の援助目標を達成する際の留意事項を知ることができます。

訪問介護計画書を作成する際には、この２つのステップを踏まえましょう。

図 2-4 洗う順番も人それぞれ

② 利用者の全体像から困りごとの原因分析・予後予測をする

それでは利用者の全体像をとらえながら、困りごとの原因分析・予後予測をする視点を確認していきましょう。

①基本情報を確認する

まずは、利用者の困りごとは、なぜ生まれているのだろうという原因を基本情報（フェイスシート）等から探っていきます。

新井さんの例を確認しましょう。

表２－４（p.37）、表２－５（p.38）参照

基本情報（フェイスシート）等から本人の抱える病気を知ることで、その病気の注意点や進行性の有無を確認します。また、生活歴や出身地、家族構成からは、本人の価値観やこだわりにつながるヒントを知ることができます。その他、現状の ADL や IADL、主訴などを確認します。

新井さん

新井さんは既往歴に「高血圧症」があることや「脳梗塞」の後遺症として「右半身に麻痺」が残っていること、夫とは幼少期から東北のＦ県で共に育ち、恋愛結婚をしていること、「妻として長年連れ添った夫のために食事をつくり続けたい」という主訴などが確認できます。

表2-4 新井さんの基本情報1（色文字はサービス提供責任者として着目すべき情報）

基本情報に関する項目（一部情報を省略しています）							
氏名	新井 結美子 様	性別	女性	生年月日	年 7 月 3 日 生	76 歳	
住所		要介護度	1				
家族構成図	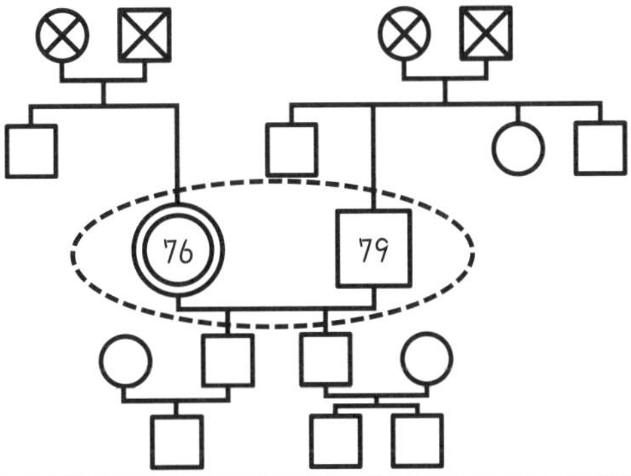	障害高齢者の日常生活自立度	J2				
		認知症高齢者の日常生活自立度	自立				
		服薬状況	脳梗塞後より				
			降圧剤				
			抗凝固薬				
既往歴／現病歴	高血圧症（40代～）						
	脳梗塞 （75歳）						
これまでの生活歴	東北F県出身。夫とは幼少期からの知り合いで恋愛結婚。夫の仕事の関係で県外に転居。夫の退職を機にのんびり暮らしたいという気持ちから故郷に戻り、2人暮らしをしている。故郷に引っ越してからは自宅の庭に畑をつくり、夫とともに野菜をつくったり、友人と外食を楽しんだりしていた。75歳のときに脳梗塞を発症。右半身に麻痺が残る。装具なしで室内の歩行は可能だが、下肢の軽度麻痺があるため、外出頻度は減少している。右上肢が使えず、左手を使う練習をするが、不十分なまま退院となる。退院後も左手のリハビリテーションを継続したいという希望がある。						
主訴	もう入院したくない。 妻として長年連れ添った夫のために食事をつくり続けたい。 市販の惣菜ではなく夫が育てた野菜を使って、偏らない食事をつくりたい。						
経緯	自宅に戻るにあたり、左手で行う調理に不安があると、ケアマネジャーに相談がある。1人で料理ができるようになる支援ができないか、訪問介護の新規利用の依頼がある。						

一日の過ごし方

0	6	7	10	12	13	15	18	20	22	24
	起床 整容 朝食	片づけ	洗濯	昼食	昼寝	散歩	夕食 片づけ	入浴	就寝	

表2-5 新井さんの基本情報2（色文字はサービス提供責任者として着目すべき情報）

<table>
<tr><th colspan="6">課題分析（アセスメント）に関する項目</th></tr>
<tr><td>健康状態</td><td colspan="5">高血圧症、脳梗塞については、服薬と食生活の改善に取り組むことで病状の安定が見込まれる。</td></tr>
<tr><td>ADL評価</td><td colspan="5">脳梗塞後遺症により、軽い失語症・右片麻痺がある。上肢は左手に利き手交換（不十分）。下肢は軽度麻痺のため、バランスが悪く歩行不安定。寝返り、起き上がり、移乗は自立。時間はかかるが着替えは自立。入浴は浴槽を1人でまたげないため、シャワー浴で対応。</td></tr>
<tr><td>項目</td><td>状態</td><td>備考</td><td>項目</td><td>状態</td><td>備考</td></tr>
<tr><td>移動手段</td><td>歩行</td><td>バランスが悪く不安定</td><td>社会との交流</td><td>一部介助</td><td>友人の訪問あり。外出は通院程度</td></tr>
<tr><td>立位</td><td>自立</td><td></td><td>口腔衛生</td><td>自立</td><td>左手で磨いているが不十分、支障は出ていない</td></tr>
<tr><td>座位</td><td>自立</td><td></td><td>認知症</td><td>なし</td><td></td></tr>
<tr><td>排泄</td><td>自立</td><td></td><td>問題行動</td><td>なし</td><td></td></tr>
<tr><td>入浴</td><td>一部介助</td><td>本当は湯船で温まって身体をほぐしたい</td><td>褥瘡</td><td>なし</td><td></td></tr>
<tr><td>更衣</td><td>自立</td><td>時間はかかるが自立</td><td>麻痺</td><td>右片麻痺</td><td></td></tr>
<tr><td>食事</td><td>自立</td><td>左手用の自助具を使用（栄養：塩分に配慮が必要）</td><td>拘縮</td><td>なし</td><td></td></tr>
<tr><td>視力</td><td>支障なし</td><td></td><td>介護力</td><td>あり</td><td>通院は夫が支援。家事はしたことがないので消極的</td></tr>
<tr><td>聴力</td><td>支障なし</td><td></td><td>特別な状況</td><td>なし</td><td></td></tr>
<tr><td>意思疎通</td><td>可</td><td>言葉の出にくさはあるが、意思疎通に支障はない</td><td rowspan="2">その他</td><td rowspan="2" colspan="2"></td></tr>
<tr><td>言語</td><td>失語症</td><td>軽度のため支障なし</td></tr>
<tr><td>IADL評価</td><td colspan="5">食材等は電話注文にて宅配を利用している。金銭管理自立。掃除機がけは不可。紙モップを使っている。洗濯機は乾燥まで全自動。調理は左手でうまく包丁が使えない。調理ができないときは、店屋物を注文する。</td></tr>
<tr><td>項目</td><td>状態</td><td>備考</td><td>項目</td><td>状態</td><td>備考</td></tr>
<tr><td>買い物</td><td>一部介助</td><td>宅配を利用</td><td>服薬管理</td><td>自立</td><td>時々、飲み忘れる</td></tr>
<tr><td>調理</td><td>一部介助</td><td>左手でうまく包丁が使えない</td><td>金銭管理</td><td>自立</td><td></td></tr>
<tr><td>掃除</td><td>自立</td><td>紙モップ使用</td><td>電話の使用</td><td>自立</td><td>食材の電話注文をしている</td></tr>
<tr><td>洗濯</td><td>自立</td><td>洗濯機は乾燥まで全自動</td><td>住環境</td><td>2階建て戸建て</td><td>玄関先に5段の階段あり。浴槽の高さが高い。寝室2階</td></tr>
<tr><td>その他</td><td colspan="5">脳梗塞の後遺症により、できないことが増えた。家事をしたことのない夫にいろいろお願いすることに遠慮がある。</td></tr>
</table>

表2-6 新井さんのケアプラン　第1表

居宅サービス計画書（1）

作成年月日　　年 3 月 26 日

初回・紹介・継続　　認定済・申請中

利用者名　新井 結美子　様　　生年月日　年 7 月 3 日生　　住所

居宅サービス計画作成者氏名

居宅介護支援事業者・事業所名及び所在地

居宅サービス計画作成（変更）日　年 3 月 26 日　　初回居宅サービス計画作成日　年 3 月 26 日

認定日　年 9 月 30 日　　認定の有効期間　年 8 月 5 日 ～ 年 7 月 31 日

要介護状態区分	要介護1　・　要介護2　・　要介護3　・　要介護4　・　要介護5
利用者及び家族の生活に対する意向	ご本人：やっぱり自宅がいい、もう入院はしたくない。右手が使えないので入院中は左手を使う練習をしてきたが、まだうまく使えないのでリハビリテーションを続けたい。夫が育てた野菜を使って、これからも夫のために料理がしたい。湯船で温まって身体をほぐしたい。 ご家族（夫）：身体に気をつけて無理せず過ごしてほしい。家事は全部妻に任せてきたので、自分は何をどうしたらいいのかわからない。
介護認定審査会の意見及びサービスの種類の指定	
総合的な援助の方針	脳梗塞の後遺症により、日常生活全般に支障が出ています。調理をご自分で行うことができるよう、訪問介護とリハビリテーションの専門職が連携して支援します。また、安定した体調で過ごせるよう減塩に配慮したバランスの良い食事内容を提案していきます。 リハビリテーションと福祉用具の活用により、ご自分で入浴できることを目指し、支援します。
生活援助中心型の算定理由	1．一人暮らし　2．家族等が障害、疾病等　3．その他（　　）

居宅サービス計画について説明を受け、内容に同意し、交付を受けました。　説明同意交付日　年　月　日　署名・捺印　印

表2-7 新井さんのケアプラン　第2表（色文字はサービス提供責任者として着目すべき情報）

居宅サービス計画書（2）

生活全般の解決すべき課題（ニーズ）	目標		援助内容				
	長期目標	短期目標	サービス内容	※1	サービス種別	※2	頻度
①夫が育てた野菜を使って、偏らない食事をつくりたい。もう病気を再発させたくない。	食事内容の偏りがなくなる。	自分で調理ができる。	体調観察。ご本人が行うことが難しい部分を介助して共に行う調理。調理を行う動作や使用する器具などについて助言	○	訪問介護		週3回
			体調観察。調理に必要な身体機能を向上させるためのリハビリテーション。調理を行う動作の評価や指導、自助具などの検討	○	訪問リハビリ		週1回
		血圧を安定させて、脳梗塞を予防する。	服薬状況の確認と声かけ、体調の把握、通院同行		家族介護		通年
			毎朝の血圧測定。薬カレンダーの活用。減塩を心がけた食事。減塩に配慮した調理のメニューを考える。		本人		通年
			体調観察、服薬状況の確認。減塩に配慮した食事、本人の考えたメニューについて助言	○	訪問介護		週3回
②湯船で温まって身体をほぐしたい。	入浴することで心身ともにリラックスできる。	湯船に入れる。	回転バスボードの購入		特定福祉用具販売		早急に
			浴槽入り口と浴槽の脇に手すりを設置		住宅改修		早急に
			体調観察。浴室の出入りに必要な身体機能を向上させるためのリハビリテーション。浴槽の出入りを行う動作の評価や指導	○	訪問リハビリ		週1回

※1 「保険給付の対象となるかどうかの区分」について、保険給付対象内サービスについては○印を付す。
※2 「当該サービス提供を行う事業所」について記入する。

②ケアプランを確認する

次にケアプランを確認していきましょう。ケアプランには訪問介護をはじめ、各事業所が依頼されているサービス内容を確認することができます。表2－6（p.39）、表2－7（p.40）参照

第1表（表2－6）の総合的な援助の方針からはチーム全体で目指すケアを確認できます。また、第2表（表2－7）からは訪問介護の援助目標の指標となる短期目標を押さえ、連携する他職種を知ることができます。

新井さんのことで訪問介護に依頼されている内容を確認しましょう。それは「調理」や「服薬の確認」、「本人の考えたメニューについて助言」です。では、なぜ調理が依頼されたのでしょうか。

③原因を分析する

基本情報（フェイスシート）を確認すると、調理ができない原因は、右手がうまく使えないことです。では、右手がうまく使えない原因は何でしょうか。

図2-5 調理ができない原因は?

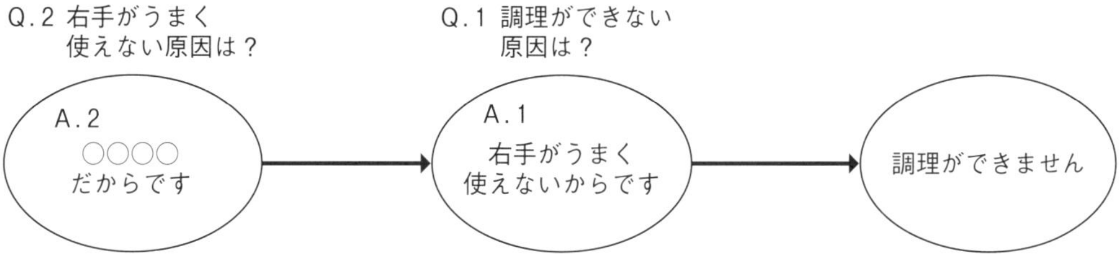

このように、基本情報（フェイスシート）やケアプラン等から読み取れる情報を関連づけながら考えていくことで、だんだんと新井さんの全体像が見えてきます。

アセスメントを頭のなかで考えるのではなく、目で見える形にして確認していきましょう。

ここで、基本情報（フェイスシート）やケアプラン等から読み取れる情報を○（丸）で囲みながら書き出してみましょう。そして、その情報と情報の間を→（矢印）でつないでみましょう。その際、気をつけるのは、矢印の出始めが原因、矢印の先が結果（原因→結果）となるようにつなぎます。つないだ→（矢印）を「な

ので」と読み替えると図２-６のように表せます。

図 2-6 原因と結果でつないでみよう

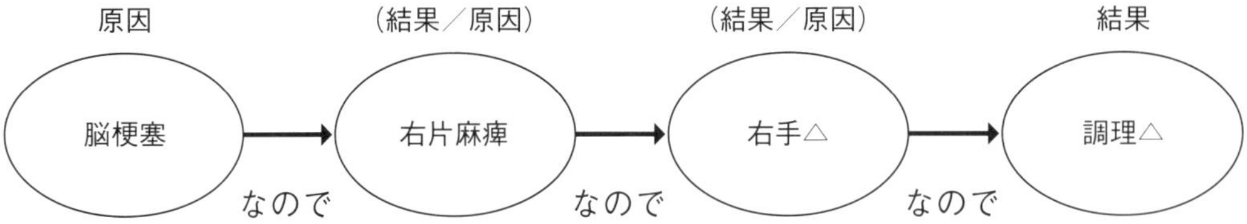

文字にしてみると、「脳梗塞なので右片麻痺。右片麻痺なので右手△（うまく使えない）。右手△なので調理△（うまくできない）。」となります。

このように調理に困難を抱えている理由が脳梗塞であることが見えてきました。これが情報収集で終わらせないアローチャートという手法を使った分析です。

④予後を予測する

次に困りごとを放っておくと、どうなってしまうのかを確認していきましょう。新井さんは「調理ができないときは、店屋物を注文する」という情報があります。調理ができず店屋物などに頼ってしまえば食事内容が偏り、塩分を摂りすぎてしまう可能性があります。そうすると高血圧症のリスクが高まります。高血圧症は脳梗塞を再発させる可能性があります。

図 2-7 リスクを予測してみよう

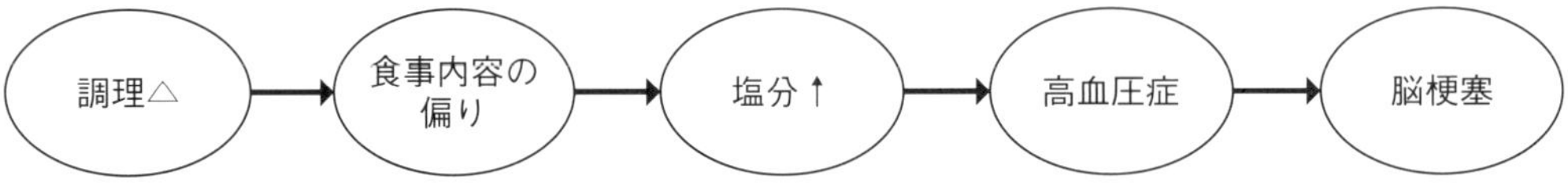

そもそも、脳梗塞の原因は何でしょうか？　基本情報では、新井さんは40代から高血圧症とのことです。若い頃から濃い味つけに慣れ親しんでいた様子もあります。脳梗塞を引き起こす前までは降圧剤等の服薬なく過ごしていました。

現在は降圧剤が処方されており、ときどき飲み忘れるという課題もあります。このままだと図２-８のような脳梗塞の再発につながる悪循環となる可能性があります。この悪循環をどこかで断ち切らなければなりません。

図 2-8 悪循環の発見

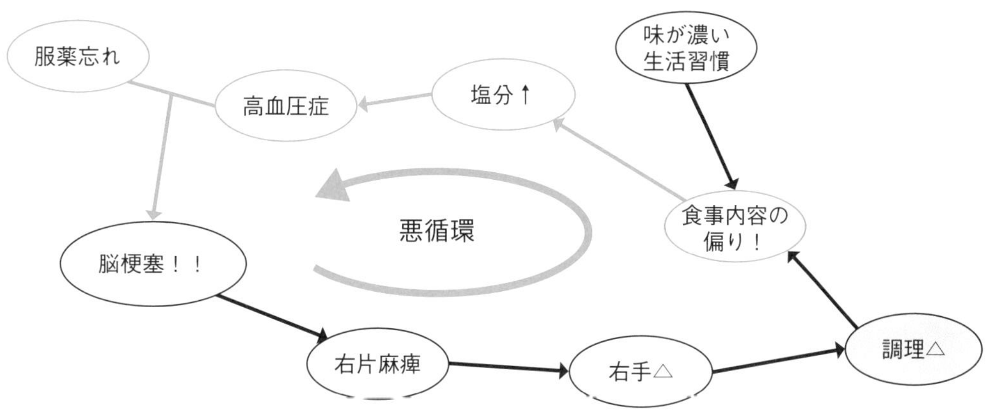

※「食事内容の偏り」や「脳梗塞」のように考えられるリスクには特別に「！」をつけておきましょう。過去にもこれからも繰り返し起こり得るリスクには「！！」をつけておきましょう。

調理ができないままにしておくとどんなリスクがあるのか（予後予測）を知ることで、ケアを行う際に配慮する事項がみえてきます。具体的には「脳梗塞再発防止のために配慮された献立や味つけになっているか」ということです。

調理を共に行うにしても、代行するにしても、ケアをする際には「脳梗塞の再発を防止するために配慮された食事内容」でなくてはなりません。

⑤ニーズの確認

次にニーズを確認しましょう。利用者の「こうしたい」という言葉や想いだけではニーズにはなりません。『今できていない現状』と『どのような生活を望んでいるか』をセットでとらえたときにニーズを見出すことができます。

新井さんはどのような生活を望んでいるでしょうか。そのヒントは主訴や本人の言葉のなかにあります。基本情報（フェイスシート）に記載されている主訴は「もう入院したくない」や「市販の惣菜ではなく夫が育てた野菜を使って、偏らない食事をつくりたい」などです。望む生活という形にまとめると「夫が育てた野菜を使って、偏らない食事をつくりたい」となります。この望む生活には「もう入院したくない」や「妻として長年連れ添った夫のために食事をつくり続けたい」という考えも含まれていることを忘れてはいけません。

望む生活は、裏を返せば『今できていない状況』と言い換えることができます。「夫が育てた野菜を使って、偏らない食事をつくりたい」の裏を返せば「夫が育てた野菜を使って、偏らない食事がつくれていない」という状況があることを指します。

その原因分析は先ほどしました。新井さんの場合、「調理がうまくできないことで、食事内容が偏る」という現状があります。「食事内容が偏る」という点で合致しました。

『食事内容が偏る（今できていない現状）』と『夫が育てた野菜を使って、偏らない食事をつくりたい（望む生活）』のセットが見つかりました。このセットから「夫が育てた野菜を使って、偏らない食事をつくりたい。もう病気を再発させたくない」というニーズを見出すことができます。

先ほどと同じようにニーズも目で見える形に表してみましょう。『今できていない現状』に対し『望む生活』を（₩）でつなぎます。（₩）は「けれども」と読み替えることができます。

図 2-9 ニーズを確認しよう

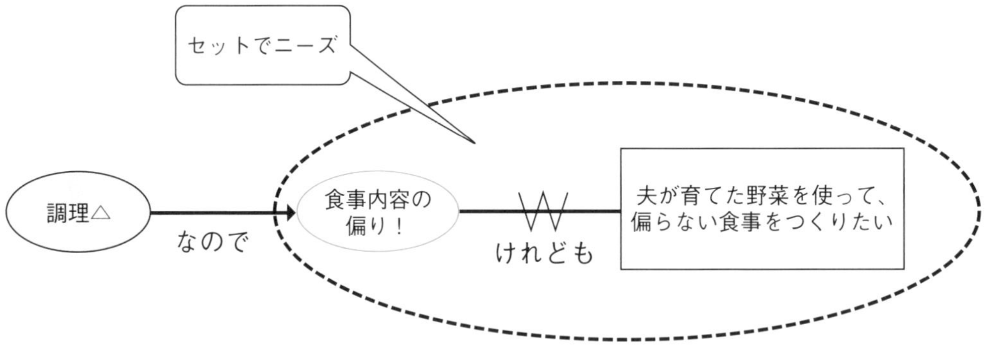

文章では「調理△なので食事内容の偏りがある、けれども、夫が育てた野菜を使って、偏らない食事をつくりたい」となります。

ここでワンポイント

客観的事実と主観的事実

アローチャートでは○を客観的事実、□を主観的事実としています。

客観的事実とは利用者が実際に体験した出来事や環境、誰がみても変わらない情報をいいます。例えば「脳梗塞」や「歩行不安定」、「浴室環境が整っていない」などです。

もう１つの主観的事実とは利用者が体験したことに対し、利用者が考えたことや感じたりしていることなど本人でなければわからない情報をいいます。たとえば「偏らない食事をつくりたい」という『考え』やその方が大切にしている『価値観』、「楽しい」や「辛い」というような『感情』などです。これらを主観的事実の３Ｋとしています。本人の言葉は「３Ｋ」を考えるヒントになります。

主観的事実のヒント

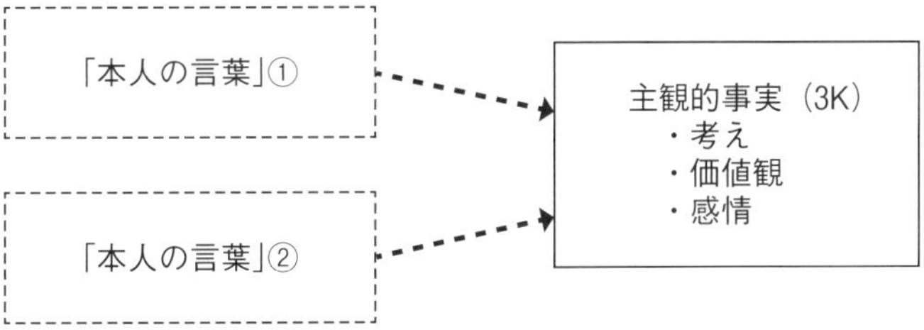

⑥依頼されている内容以外の困りごとの確認

新井さんにとって、脳梗塞は調理を困難にさせる原因となっていました。では、脳梗塞を原因として、調理以外にどのような影響を生活に与えているのかを考えていきましょう。ここで、基本情報（フェイスシート）やケアプラン等から読み取れる情報をアローチャートにまとめてみましょう。図２-10のようになります。

図２-10をみると、右片麻痺を原因として、下肢の軽度麻痺（下肢バランス△）が起きていることがわかります。下肢バランス△を原因として、浴槽をうまくまたげない（浴槽またぎ△）状態となっています。浴槽またぎ△のため、入浴ができない（入浴×）ことが起きています。訪問介護の**支援内容に歩行や入浴に関する項目がなかったとしても、利用者本人の全体像として、サービス提供責任者はとらえておく必要がある事柄**となります。

図2-10 新井さんのアローチャート

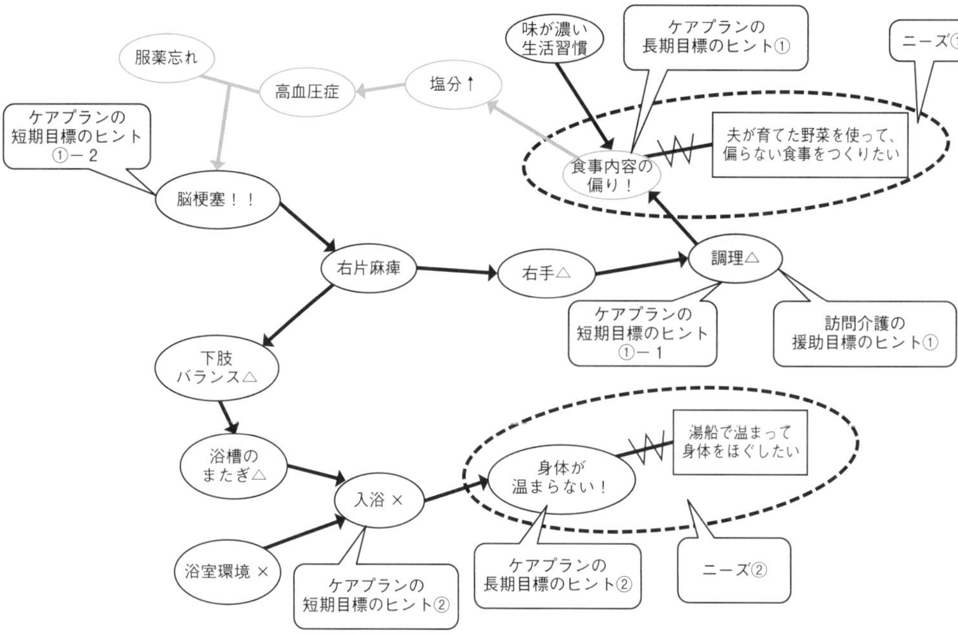

⑦援助目標の設定

利用者の全体像から困りごとの原因分析・予後予測をすることで、なぜ訪問介護に依頼があったのか、何に配慮しなくてはならないかを知ることができました。

そして、訪問介護の援助目標は困りごとの原因やケアプランの短期目標にヒントがあります（図2-11）。

図2-11 援助目標のヒント

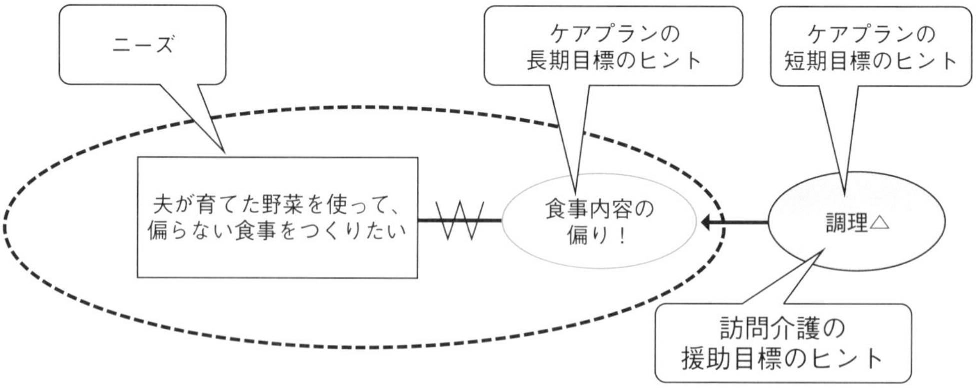

新井さんのニーズは「夫が育てた野菜を使って、偏らない食事をつくりたい」です。「食事内容の偏り！」という現状を解決する目標であるため、ケアプラン

Column

アローチャートと細分化

可視化することのメリット：多職種で議論がしやすくなる！
　　　　　　　　　　　　　自分の考えたこと（思考過程）が示しやすい！　等

例）原因はわからないけれど急に腰が痛くなって、歩くときにふらついてしまう。転びそうになるので外へ行くのを控えている。本当は自分の目で見て、食べる物を買いたいのだけれど、買い物へも行けなくなってしまった。歩くこと以外に不安はない。このまま外出しないでいると、ますます足の力が弱くなってしまう。

これをアローチャートで描き、困っている生活行為を細分化してみましょう。

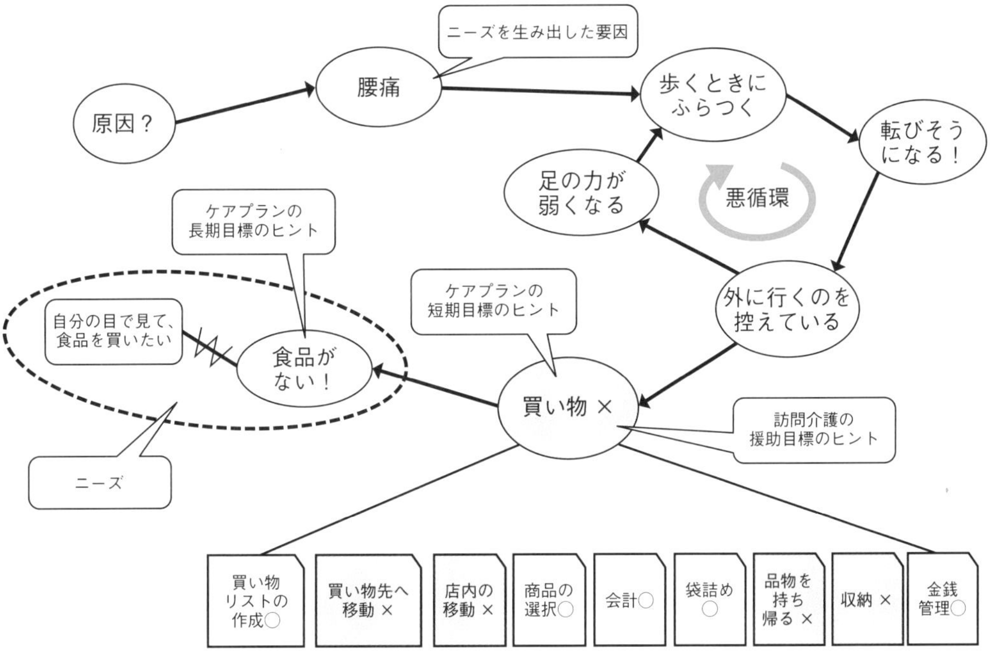

【アローチャート（記号の意味は本文 p.41 ～ 45 参照）】

図にすると、生活のニーズやそれを生み出す要因などが文章で見るよりわかりやすくなります。多職種から「原因はそれだけだろうか？」といった意見をもらいやすいだけでなく、利用者にも説明しやすくなります。そして何よりニーズと具体的な困りごとの原因を見立てることができます。

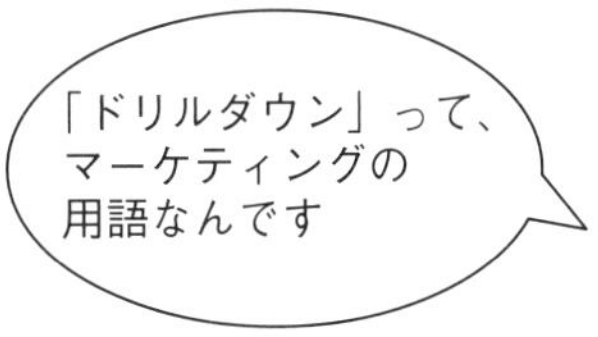

【細分化】

見立てた困りごとに着目して、その行為を細かく分けることで、具体的な困り具合を確認することができます。（ドリルダウン・アローチャート）

の長期目標は「食事内容の偏りがなくなる」とされています。

そして、食事内容が偏る原因となっている「調理△」を解決するために「妻として長年連れ添った夫のために食事をつくり続けたい」という主訴も考慮し、ケアプランの短期目標は「自分で調理ができる」とされています。これはケアプランの短期目標であると同時に訪問介護の援助目標でもあります（この援助目標を達成するための留意事項は、次項「生活行為を細分化し、困り具合を確認する」で解説します）。

ケアプランの短期目標は、もう１つ「血圧を安定させて、脳梗塞を予防する」とされています。これは、脳梗塞を再発させないために設定されており、この点も訪問介護の援助目標です。

この援助目標を達成するためには、その原因を解決する必要があります。アローチャート（図２-12）からその原因を考えると「２－１服薬ができているか確認する」と「２－２減塩に配慮した食事が摂れる」ことが援助目標を達成するための留意事項として考えられます。

時にはケアプランの長期目標・短期目標が挙げられた背景をケアマネジャーに確認する必要があります。どんな課題を解決するために訪問介護へ依頼があったのか、援助目標を考えるためにも、サービス提供責任者として大切な視点です。

図2-12 その他の援助目標及び留意事項のヒント

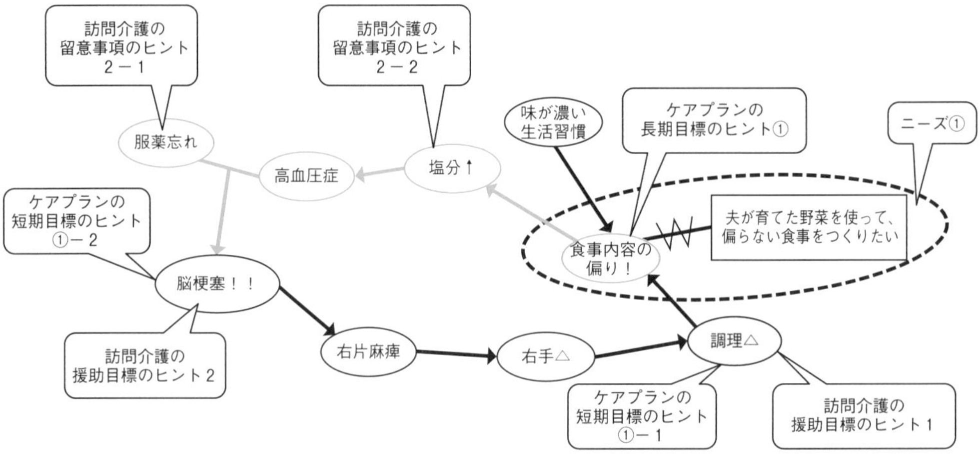

3 生活行為を細分化し、困り具合を確認する

次に具体的な困りごととなっている生活行為を細分化するステップを確認していきましょう。

①生活行為を細分化する

生活行為の細分化とは、困りごととなっている生活行為を具体的な動作に掘り下げ、「どこが、どのように困っているのか」、現状を把握することを指します。

こうすると、一括りに「調理ができない」とせずに、調理のできない部分を細かく把握でき、自立支援に沿ったケアを考えやすくなるのです。

まずは、調理を細分化してみましょう。

図 2-13 調理を細分化してみよう

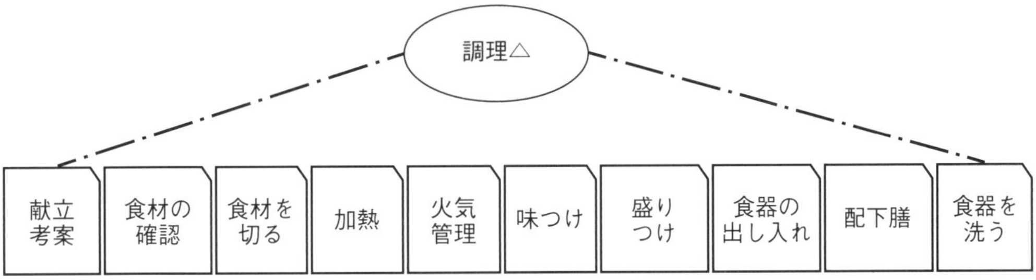

次に細分化した項目のなかで、利用者の「できること（○）、できないこと（×）」を確認していきましょう。そうすることで、具体的な困りごとを目で見える形で確認することができます（図2-14）。

図 2-14 具体的な困りごとを確認してみよう

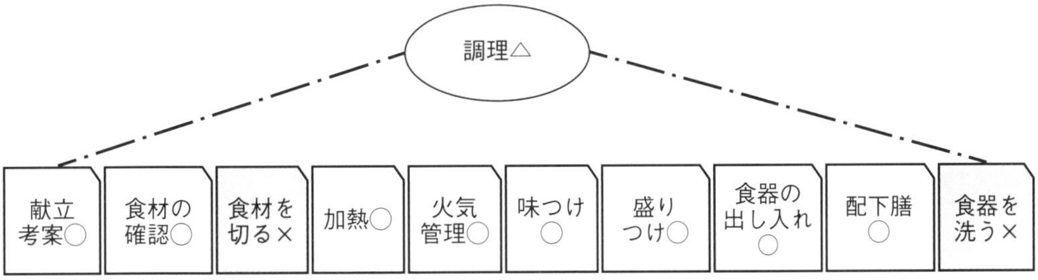

調理を細分化したことにより、新井さんは「食材を切る」と「食器を洗う」が難しい状態であることを確認することができました。

一口に「調理」ととらえてしまうと利用者の「できること」がみえなくなってしまうんだね

なぜ、「食材を切る」と「食器を洗う」が難しい状況なのかはすでに確認したとおり、脳梗塞から右片麻痺、右手△が原因となっていることからです。

図2-15 **具体的な困りごとの原因分析**

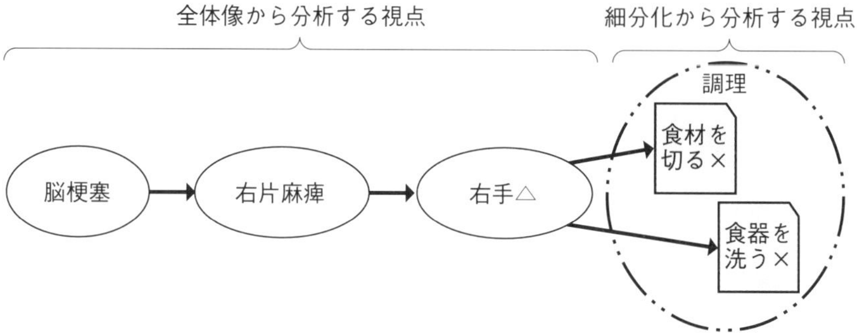

もしこのような原因分析と生活行為の細分化を行うことなく、ただ単に調理をするだけのケアをしてしまうと、盛りつけや配下膳など、利用者ができることまで奪ってしまう可能性があります。

ここでワンポイント

できること・できないことを数値化する

訪問介護が介入した当初は、細分化した項目にできないこと（×）が3つあった場合、1年後にできること（○）が1つ増え、できないこと（×）が2つになれば、それは利用者の状態が改善したと評価できます。逆にできないこと（×）が4つに増えてしまった場合は、状態が悪化したと評価できます。（×）が3つのままであれば、維持という評価ができます。○と×の数を数値化することで評価や支援内容の見直しにつながります。

サ責のつぶやき 4

共に行う身体介護とは?

2018 年度の介護報酬改定によって、訪問介護の身体介護とは、

① 利用者の身体に直接接触して行う介助サービス（そのために必要となる準備、後かたづけ等の一連の行為を含む）
② 利用者の ADL・IADL・QOL や意欲の向上のために利用者と共に行う自立支援・重度化防止のためのサービス
③ その他専門的知識・技術（介護を要する状態となった要因である心身の障害や疾病等に伴って必要となる特段の専門的配慮）をもって行う利用者の日常生活上・社会生活上のためのサービス

となりました。②に「共に行う」という表現があります。では､「共に行う」とは何をさすのでしょうか。

上記の目的のために行うサービスですから、参加してもらうだけでは共に行う身体介護とはなりません。

時折、共に行う調理として、メニューを考えてもらう、味見をしてもらう、座ってできる皮むきに参加してもらう、などと書かれた訪問介護計画書を見かけることがあります。これは、共に行う家事なのでしょうか？

利用者の自立支援を促したり認知症の人の生活歴の喚起を促すことができていなければ共に行う身体介護とはいえません。まして同居家族がいるために生活援助が算定できないから「共に行う身体介護」として調理や掃除などを一緒に行うのは論外です。

介護の専門職として、利用者の ADL・IADL・QOL や意欲の向上のために利用者と共に行う自立支援・重度化防止を行っていきましょう。

詳しくは、第 3 章事例 3（p.107）で「共に行う身体介護」のケースとして具体的に紹介しています。また、厚生労働省通知「『訪問介護におけるサービス行為ごとの区分等について』の一部改正について」（平成 30 年 3 月 30 日老振発 0330 第 2 号）を参照してください。

第 3 章の事例 3「認知症の夫とともに自宅で生活していきたい利用者の事例」もチェックしてください

生活行為を細分化する視点を考えるためには、ケアマネジャーから届く基本情報（フェイスシート）やケアプラン等に加えてサービス提供責任者がそれぞれの利用者の生活様式の「手順」「工程」「方法」などの情報を独自に集める必要があります。

②具体的な困り具合を確認する

では、具体的な困り具合を確認していきましょう。まずは、①それぞれの利用者の生活行為にはどんな項目があるか、②できる項目とできない項目はどこかの確認をしていきましょう。

調理の具体的な困り具合は、ケアマネジャーの情報から見つけることは難しく、訪問介護ならではの視点といえます。利用者本人の話や実際の動きから確認していきましょう。新井さんにとっての調理は図２-16のような項目があります。今回確認した結果、○で囲んだ部分が課題となっていると分かりました。

図 2-16 新井さんの具体的な困り具合の確認

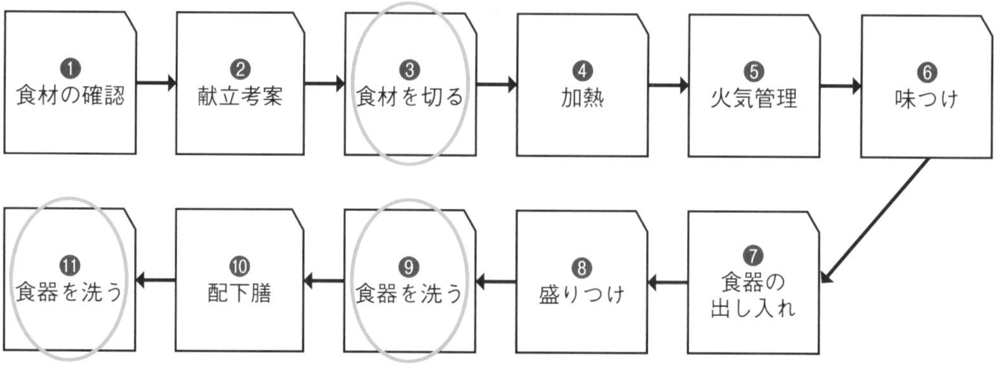

① 調理にはどんな項目があるかの確認

新井さんにとっての調理は「❶食材の確認」をし、あるもので「❷献立考案」をします。その後、「❸食材を切る」、「❹加熱」、「❺火気管理」、「❻味つけ」、「❼食器の出し入れ」、「❽盛りつけ」をします。この時点でできる限りの「❾食器を洗う」を行います。そして、「❿配下膳」し、食後に「⓫食器を洗う」という流れになります。

「鍋の洗い方はこうしてほしいな」、「加熱の方法はこうでなくては」といったこだわりをもった利用者はいませんか？　これはホームヘルパー１人ひとりが普段行う「調理」の習慣と、利用者１人ひとりの「調理」の習慣が異なることから発生する行き違いです。本書のように、原因分析と生活行為の細分化を行えば、そうした「行き違い」を発見できるかもしれません。

むしろ、**利用者の「こだわり」を確認し、取り入れることが大切**です。ケアをとおして、確認することで細分化した項目が増減することもあれば順番が変わることもあります。利用者の「こだわり」だけをみて、細かい人と決めつけてしまうのではなく、分析をして「こだわり」をとらえることが重要です。

② **できる項目とできない項目の確認**

「❸食材を切る」と「❾⓫食器を洗う」が具体的な困りごとです。できることまで奪ってしまうことはいけません。**その人のできること（ストレングス）を確認することが大事**です。

なお、大前提として、これはホームヘルパーの手順書ではなく利用者本人の流れを確認するものです。

②′必要であればさらに細かく分けてとらえる

動作によっては、さらに細かく分けてとらえる必要があります。例えば、「食材を切る」をさらに分解してみると、**食材を押さえること**、**包丁を上げること**、**包丁を下げること**で構成されていることがみえてきます。

図2-17 新井さんのさらなる具体的な困り具合の確認

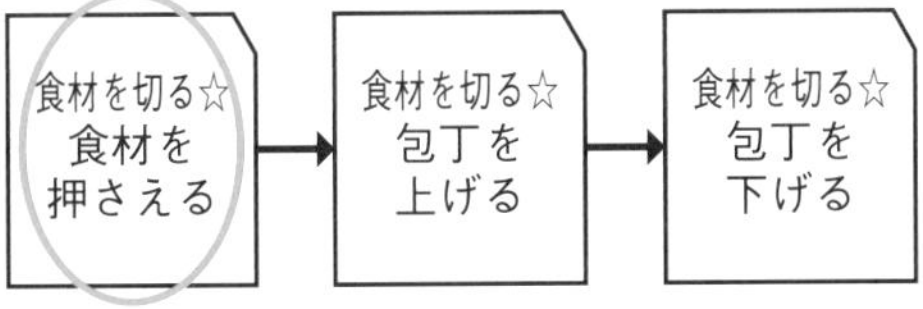

③支援方法を検討する

「食材を切る」について、さらに掘り下げて確認したことで、「食材を押さえる」に困難を抱えていることがみつかりました。では、どのようにすれば、解決できるでしょうか。

これには、4つのパターンが考えられます。

① パターン1：改善する可能性があるのか

第1のパターンとして、できないことが、時間の経過による回復の見込みやリハビリテーションによる改善の可能性があるのかを確認します。

新井さんの場合、右手が回復する見込みは少ないようです。別の案を考えてみましょう。

② パターン2：あるもので工夫はできないのか

次に考えることとして、自宅にあるもので押さえることはできないのか考えてみましょう。

たとえば葉物を押さえるのであれば、皿を重しに使うことも考えられます（図2-18）。包丁を固定して、野菜を左手で持つという方法も考えられます（図2-19）。

図2-18 皿を重しにしてみる

図2-19 包丁を固定してみる

③ パターン3：自助具を活用することはできないのか

自宅にあるものではなく、自助具を用意するというパターンもあります。下記のようなものがあります（図2-20～図2-22）。高齢者介護に限らず障害のある人向きのものでよいものがあります。また、自助具でなくても便利グッズで代用も考えられます。

図2-20 野菜を固定する自助具

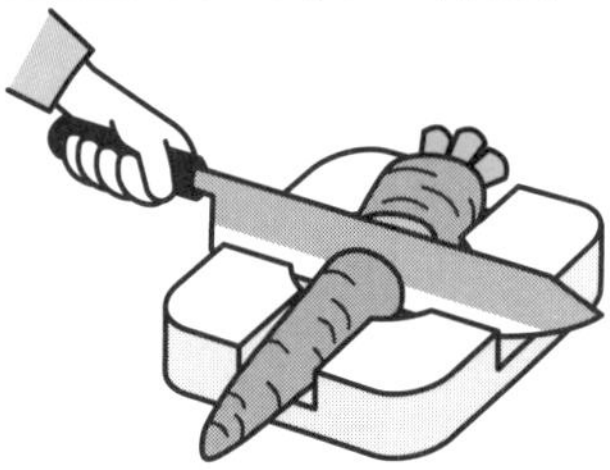

図2-21 器具を固定する自助具

図2-22 野菜をカットする便利グッズ

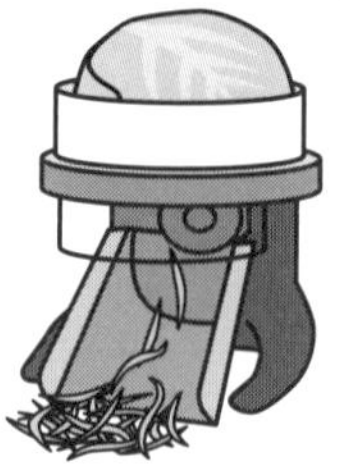

④ パターン4：ホームヘルパーが支援を行う

支援の方針は、自立支援であるため、まずはパターン1～3を検討しました。そのうえで、最終的に私たち「サービス提供責任者」の支援内容を検討します。道具を活用するのか、**利用者本人がどのような「食材を切る」を望んでいるのかを踏まえたうえで検討**します。

今回は、パターン2を活用しつつ、切りにくいものや困難となっているものについては活動をとおしながら、情報を収集していきます。

ここでワンポイント

数値化：新井さんの場合

新井さんの調理工程のなかで、現在できないことは「❸食材を切る」と「❾⓫食器を洗う」の2つです。これが次の評価の際に、できないことが「❸食材を切る」だけのように1つに減っていれば、改善という評価です。逆に「❽盛りつけ」ができなくなってしまったということであれば、状態が悪化しているという評価になり、支援内容を再検討する必要があります。
このように具体的な困りごとを見える形にしながら、数値化することで評価としても活用することができます。

④本人の考え・工夫を踏まえ、サービス提供責任者が評価する

ここまで、何にどう困っているのかを確認してきました。次に、それらに関する本人の考え・工夫を確認していきます。

「❾⓫食器を洗う」が困難であることを確認しましたが、話を聞いていくと本人の工夫により、解決していることがわかりました。たとえば食器は滑り止めを活用すること（図2-23）で1人でも洗うことができています。

このように、**具体的な困りごとにチェックが入っている項目が必ずしも「できない」ことではありません**。本人の工夫によって、解決していることもあります。どのように解決しているのかを確認することはもちろんのこと、**どのような工夫をすれば解決できるのかを考える**ことも、自立支援や重度化防止の観点から、サービス提供責任者に必要な視点です。

図2-23 滑り止めを活用した食器洗い

援助目標を達成するための留意事項を設定するために、「具体的な困り具合の確認」と「本人の考え・工夫」を踏まえたうえでサービス提供責任者が評価を行います。新井さんの場合、下記のような評価をしました。

自助具を活用しながら、左手で調理に取り組めるよう環境を整える。

具体的な困りごとを細分化することにより、困りごとのなかにも、自分でできることとできないことを見極めることができ、支援すべき具体的なポイントがみえてきます。

4 訪問介護計画書の作成

ここまでステップ1、2を確認し、原因分析や援助目標、訪問介護計画書の援助目標を達成するための留意事項の設定等について考えてきました。

いよいよこれを訪問介護計画書に落とし込む作業に入ります。しかし、お気づきかもしれませんが、**ここまでで、訪問介護計画書はできている**のです。

ステップ1では、利用者の全体像から困りごとの原因分析・予後予測をすることで、なぜ訪問介護に依頼があったのか、何に配慮しなくてはならないか、ケア時の着目点を知ることができました。ケア時の着目点は「脳梗塞の再発を防止するために配慮する食事内容になっているか」という点です。そして、訪問介護計画書の援助目標を「自分で調理ができる」としました。

また、もう1つの援助目標を「血圧を安定させて、脳梗塞を予防する」とし、達成するための留意事項として「服薬ができているか確認する」と「減塩に配慮した食事が摂れる」としました。

ステップ2では、困りごとを細分化することにより、本人ができることとできないことといった具体的な困り具合を見極めることができ、援助目標を達成するうえでの留意事項も確認できました。「自分で調理ができる」という援助目標を達成するための留意事項として、「自助具を活用しながら、左手で調理に取り組めるよう環境を整える」を設定しました。

図にまとめてみましょう。

図 2-24 アローチャートと細分化で確認するステップ1・2

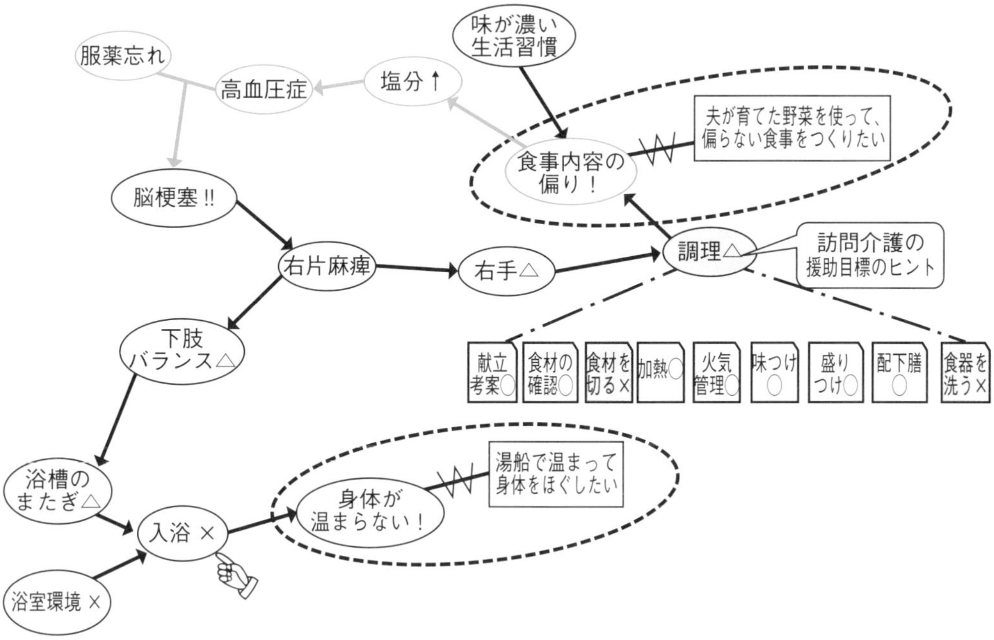

ステップ1　利用者の全体像から困りごとの原因分析・予後予測をする

①　基本情報を確認する
②　ケアプランを確認する
③　原因を分析する
（①〜③）上記、アローチャート

④　予後を予測する

⑤　ニーズの確認 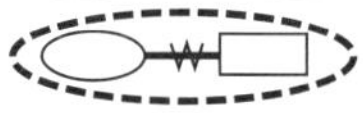

⑥　依頼されている内容以外の困りごとの確認 

⑦　援助目標の設定 

ステップ2　生活行為を細分化し、困り具合を確認する

①　生活行為を細分化する
②　具体的な困り具合を確認する
③　支援方法を検討する
④　本人の考え・工夫を踏まえ、
サービス提供責任者が評価する

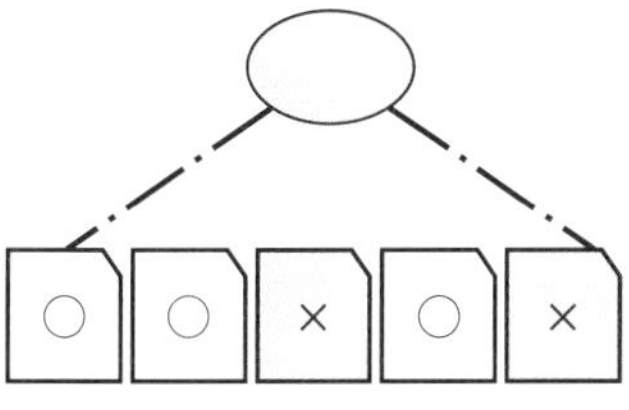

それでは、訪問介護計画書に「援助目標」と「留意事項」などを記載してみましょう（表2-8）。

この2つのステップに取り組むことで、援助目標を立て、その目標をどうしたら達成できるのかという具体的な手段、方法を導き出すことができるのです。

ここまでのポイント!

- 原因分析・予後予測をすることで、訪問介護の援助目標やケア時に配慮する点がわかる
- 困りごとを細分化することで援助目標を達成するための留意事項がわかる

表 2-8 新井さんの訪問介護計画書

訪問介護計画書

新規・更新・見直し・変更（　　）

ふりがな 利用者氏名	新井《あらい》 結美子《ゆみこ》 様 男・女	生年月日	大正 昭和 年 7 月 3 日	
住所		電話	（　　）	
有効期間	年 8 月 1 日～ 年 7 月 31 日	事業対象者	要支援 1・2	要介護 1・2・3・4・5
計画作成者		作成年月日	年 3 月 26 日	

【目標・期間】

本人及び家族の希望	妻として長年連れ添った夫のために食事をつくり続けたい。 市販の惣菜ではなく夫の育てた野菜を使って料理がしたい。		
援助目標	自分で調理ができる。	留意事項	自助具を活用しながら、左手で調理に取り
			組めるよう環境を整える。
	血圧を安定させて、脳梗塞を予防する。		服薬ができているか確認する。
			減塩に配慮した食事が摂れる。

【援助内容】

No.	月・火・水・木・金・土・日	11：00 ～ 12：00	月・火・水・木・金・土・日	：　～　：
	月・火・水・木・金・土・日	16：30 ～ 17：30	月・火・水・木・金・土・日	：　～　：

No.	サービス区分	サービス内容	所要時間	ケア時の着目点
1	身体介護	サービス準備・様子観察・記録等	5 分	脳梗塞の再発を防止するために食事内容に配慮する。
		自立生活支援・重度化防止のための見守り的援助（調理）	55 分	
			分	
		合計時間	60 分	

上記の訪問介護計画に基づきサービス提供を行います。

訪問介護事業所名：　○×サービス事業所

説明日　：　　年 3 月 26 日

説明者　：　　印

上記の訪問介護計画について説明を受け、同意しました。また、当該計画の交付を受けました。

利用者氏名：　　印

署名代行人：　　印

＊訪問介護計画書は明確な書式がないため、書式は一例です。事業所の書式によっては、訪問介護計画書の長期目標と短期目標を設定する事業所もあるかと思います。その際は本書の援助目標は訪問介護計画書における長期目標へ、留意事項は訪問介護計画書における短期目標を考える際のヒントとして、活用してください。

Column

訪問介護計画書作成のタイミングと サービス担当者会議

訪問介護計画書の作成は、新規受け入れ時と更新認定の時期だけとは限りませんよね。訪問介護計画書を作成する必要性があるのはどんなときでしょうか？

また、そのたびに毎回サービス担当者会議は必要なのでしょうか？　確認しておきましょう。

訪問介護計画書を作成するタイミング

・新規受け入れ開始時：サービス担当者会議は必要

・認定期間満了の更新認定時：サービス担当者会議は必要
（認定結果がでないときは暫定のケアプランと暫定の訪問介護計画書を作成、認定結果が出たら決定のケアプランと決定の訪問介護計画書を作成）

・状態変化により区分変更をかけたとき：サービス担当者会議は必要

・サービスの内容が新たに追加になったとき：サービス担当者会議は必要

・活動時間や活動の曜日が変わったとき：サービス担当者会議は原則不要

・サービス内容は同じだが回数が増減したとき（１回程度）：サービス担当者会議は原則不要

利用者の状態に大きな変化がないと認められた場合には認定期間が２年や３年のものがあります。認定期間が切れていなくても１年に１度はケアプランを見直すよう指導があります。訪問介護計画書も見直しましょう。

サービス担当者会議は必要に応じてサービス提供責任者からケアマネジャーに開催の提案ができるよ

依頼内容以外にサービス提供責任者がみておきたい点

ケアマネジャーからの依頼がなくても、利用者本人の生活を支えるうえでほかの生活行為を確認することは、サービス提供責任者の視点として必要不可欠です。

そこで本書では、サービス提供責任者が独自に集める情報を整理したり、足りない情報を漏らさないだけでなく、先ほどまでの訪問介護計画書を作成する手順を補助するために「サ責のお助けシート」を作成しました（表２－９）。

① 困りごとをより具体的に見える形にする。

② 依頼された困りごと以外に困りごととなり得ることはないかを目で見える形にする。

その２点を確認するために「サ責のお助けシート」を作成しています。

＊このシートを使わなければ作成できないというものではありません。このシートの意図は訪問介護計画書を作成するために必要なアセスメントや視点を目で見える形にするために用いるものです。

この「サ責のお助けシート」は大きく分けて４つの群に分かれています。

・A群：現状と着目したい項目

基本情報やケアプラン等から情報を記載することができます。A群のポイントは２つあります。１つ目は具体的な困りごとにつながる原因を確認できること。B群につながる原因を押さえましょう。具体的な疾患名や症状を記載し、〇印をつけてください。２つ目はサービス提供責任者が気になる点や確認しておきたいことを確認できること。直接、サービス内容にかかわりがないけれど、気になる点を押さえておきましょう。口腔内の状況はどうか、服薬状況はどうか等、問題がある場合は〇印をつけてください。「サ責のお助けシート」に記載はないが気になる点は空欄に文字を記載し、〇印をつけてください。

・B群：各生活行為を細かく分けて、困難なことに〇をつける

基本情報やケアプランからだけでなく実際に利用者本人と会い、サービス提供責任者が独自に確認する必要がある情報です。以下の⑴と⑵の２つの群を確認する必要があります。それぞれ問題がある部分に〇印をつけていきます。

表2-9 サ責のお助けシート

サ責のお助けシート	利用者氏名 様	性別 男・女	要介護 要支援 事業対象者	年齢 歳	身長 cm	体重 kg	BMI	アセスメント理由 初回・変更・更新	実施日 年 月 日	評価者

現状と着目したい項目

健康状態	悪性腫瘍	骨粗鬆症	
	脳卒中	関節疾患	
	高血圧	膝関節症	
	心疾患	圧迫骨折	
	肺疾患	パーキンソン症状	
	腎不全	睡眠障害	
	糖尿病	認知症＊1要確認	
コミュニケーション能力	発語	聴力	
	視力	意思疎通	
排尿・排便	便秘	尿道カテーテル	
	便失禁	ストマ	
	尿失禁		
社会との関わり	近隣交流	外出	
	友人交流	通院	
皮膚の問題	褥瘡	爪	
	痒み	A	
	浮腫		
口腔状態	口腔衛生	炎症	
	歯	嚥下	
食事摂取	低栄養	脱水	
	栄養バランス	禁止食	
	経管栄養		
居住環境	設備	階段	
	空調	段差	
	衛生面	冷蔵庫内	
特別な状況	ターミナルケア	虐待	
介護力	家族の協力	介護負担	
その他	経済力	喫煙	
	金銭管理	飲酒	
	服薬		

各生活行為を細かく分けて、困難なことに○をつける

移動・動作
寝返り
起き上がり
座位
立位
歩行
かがむ
腕が上がる
手指
＊1 中核症状
記憶障害
見当識障害
理解力の低下
判断力の低下
実行機能障害
失認
失行
失語

	各生活行為	現状に関する本人の考え・工夫	サービス提供責任者の評価
排泄	便意・尿意 / 脱衣 / 排尿 / 排便 / 後始末 / 着衣		
食事	食べ物を確認 / 道具を持つ（箸 / スプーン / フォーク） / 口に運ぶ / 噛む / 飲み込む / 飲水		
入浴	湯はり / 衣類の準備 / 脱衣 / 洗体 / 洗髪 / 入湯 / 身体を拭く / 着衣 / 髪を乾かす		
整容	洗面 / 歯磨き / 整髪 / 髭剃り / 化粧 / 爪切り / 耳そうじ / 着替え（上半身 / 下半身 / 靴下）		
掃除	居室の掃除（掃除機 / ほうき / はたき / モップ） / かがむ掃除（雑巾） / キッチンの掃除 / 浴室の掃除 / トイレの掃除 / リネン交換 / ごみの処理		
洗濯	B 衣類を選別 / 洗濯機を回す（全自動 / 二槽式） / 取り出す / 運ぶ / 干す（ハンガー等で干す） / 取り込む / 畳む / 収納	C	D
調理	献立考案 / 食材の確認 / 切る / 加熱（コンロ / IH / レンジ） / 火気管理 / 味つけ / 盛りつけ / 食器の出し入れ / 配下膳 / 食器を洗う		
買い物	買い物リストの作成 / 買い物先へ移動 / 店内の移動 / 商品の選択 / 会計 / 袋詰め / 品物を持ち帰る / 収納 / 金銭管理		
その他			
＊1 BPSD	不安抑うつ / せん妄 / 妄想 / 幻覚錯覚 / 弄便 / 異食 / 徘徊 / 帰宅願望 / 暴力暴言 / 介護拒否		

ここに挙げた症状は一例です

(1) 移動・動作と中核症状

移動・動作の項目に○印がつくと利用者本人の生活行為のどこかに影響してきます。

また、A群の現状と着目したい項目で認知症に○印がついた際には、中核症状の何が現れているのかを確認する必要があります。

(2) 排泄、食事、入浴、整容、掃除、洗濯、調理、買い物、その他、BPSD

各生活行為を細分化し、具体的な困りごとが現れている部分に○印をつけていきましょう。その他の欄は、項目をさらに掘り下げる必要がある際に使用します。

また、A群の現状と着目したい項目に認知症、ならびにB郡の中核症状の項目に○印がついた際にはBPSD（行動・心理症状）が現れていないかを確認する必要がある。

・C群：現状に関する本人の考え・工夫

基本情報やケアプランからだけでなく実際に利用者本人と会い、サービス提供責任者が独自に確認する必要がある情報です。各生活行為に対する本人の考えを確認する必要があります。本人がもつ既往歴等だけで考えると生活行為に支障が出るが、本人の工夫により支障が出ていないことがあれば記載します。

・D群：サービス提供責任者の評価

A・B・C群の状況を踏まえて、サービス提供責任者が現状の評価をします。

▶ サ責のお助けシートに記載

「サ責のお助けシート」に新井さんの情報を記載していきましょう。

新井さんの【入浴】を見てみましょう（表2-10）。

浴槽をまたげないことで1人での入湯ができない状態です。福祉用具とリハビリテーション職が介入することで状態の改善を目指しています。今後、ホームヘルパーがリハビリテーション職に代わり、支援する可能性があります。

自身の担当の利用者についても「サ責のお助けシート」を活用してみてください。

表 2-10 新井さんのサ責のお助けシート

サ責のお助けシート										
利用者氏名	新井 結美子 様	性別	男・女	要介護 1 要支援 事業対象者	年齢 76 歳	身長 154cm	体重 50kg	BMI 21.1	アセスメント理由 初回・変更・更新	実施日 年3月26日	評価者

現状と着目したい項目

健康状態	悪性腫瘍	骨粗鬆症	右片麻痺
	脳卒中	関節疾患	
	高血圧	膝関節症	
	心疾患	圧迫骨折	
	肺疾患	パーキンソン症状	
	腎不全	睡眠障害	
	糖尿病	認知症＊1 要確認	
コミュニケーション能力	発語	聴力	
	視力	意思疎通	
排尿・排便	便秘	尿道カテーテル	
	便失禁	ストマ	
	尿失禁		
社会との関わり	近隣交流	外出	
	友人交流	通院	
皮膚の問題	褥瘡	爪	
	痒み		
	浮腫		
口腔状態	口腔衛生	炎症	
	歯	嚥下	
食事摂取	低栄養	脱水	
	栄養バランス	禁止食	
	経管栄養		
居住環境	設備	階段	
	空調	段差	
	衛生面	冷蔵庫内	
特別な状況	ターミナルケア	虐待	
介護力	家族の協力	介護負担	
その他	経済力	喫煙	
	金銭管理	飲酒	
	服薬		

移動・動作

移動・動作
寝返り
起き上がり
座位
立位
歩行
かがむ
腕が上がる
手指

＊1 中核症状
記憶障害
見当識障害
理解力の低下
判断力の低下
実行機能障害
失認
失行
失語

各生活行為を細かく分けて、困難なことに○をつける

	各生活行為	現状に関する本人の考え・工夫	サービス提供責任者の評価
排泄	便意・尿意 / 脱衣 / 排尿 / 排便 / 後始末 / 着衣	ズボンの上げ下ろしは大変だが、ゆっくりであれば自分でできる。	ゆっくりであれば自立されているため、様子観察とする。
食事	食べ物を確認 / 道具を持つ（箸 / スプーン / フォーク） / 口に運ぶ / 噛む / 飲み込む / 飲水	左手を使うことに集中してしまい、食べ終わる頃には疲れてしまう。左手用の自助具を使用している。	左手で食べやすい硬さ、形状に配慮する必要がある。服薬もれがあるため、服薬ができているか確認する。
入浴	湯はり / 衣類の準備 / 脱衣 / 洗体 / 洗髪 / 入湯 / 身体を拭く / 着衣 / 髪を乾かす	浴槽をまたぐのが怖い。またげないのでシャワー浴で我慢している。	福祉用具とリハビリテーション職が介入する。今後、ホームヘルパーが介入する可能性がある。
整容	洗面 / 歯磨き / 整髪 / 髭剃り / 化粧 / 爪切り / 耳そうじ / 着替え（上半身 / 下半身 / 靴下）	左手を使うことに慣れていないため、歯を磨いた気がしない。	左手で磨いているが不十分であるため、毎活動時、要確認とする。
掃除	居室の掃除（掃除機 / ほうき / はたき / モップ） / かがむ掃除（雑巾） / キッチンの掃除 / 浴室の掃除 / トイレの掃除 / リネン交換 / ごみの処理	床掃除は紙モップで十分キレイになる。ほかの掃除は左手で行える。リネン交換とゴミ出しは昔から夫に手伝ってもらっている。	紙モップを使い、自立されているため、様子観察とする。
洗濯	衣類を選別 / 洗濯機を回す（全自動 / 二槽式） / 取り出す / 運ぶ / 干す（ハンガー等で干す） / 取り込む / 畳む / 収納	全自動なので助かっているが、晴れている日には外に干したいと思う。	今後、外の物干し竿に干せないか、リハビリテーション職と検討し、ケアマネジャーに相談する。
調理	献立考案 / 食材の確認 / 切る / 加熱（コンロ / IH / レンジ） / 火気管理 / 味つけ / 盛りつけ / 食器の出し入れ / 配下膳 / 食器を洗う	妻として長年連れ添った夫のために食事をつくり続けたい。利き手交換するが、左手でうまく包丁が使えない。	自助具を活用しながら、左手で調理に取り組めるよう環境を整える。「もう入院したくない」と話しているが減塩と脳梗塞の関係が結びついていないため、本人の考えたメニューについて助言をし、減塩に配慮した食事が摂れるようにする。
買い物	買い物リストの作成 / 買い物先へ移動 / 店内の移動 / 商品の選択 / 会計 / 袋詰め / 品物を持ち帰る / 収納 / 金銭管理	市販の総菜ではなく、夫の育てた野菜を使って料理がしたい。電話注文にて、宅配を利用し、買い物する。	必要な買い物は現在、電話注文で自立されているため、様子観察とする。
その他	食材を切る☆ 食材を押さえる / 食材を切る☆ 包丁を上げる / 食材を切る☆ 包丁を下げる		
＊1 BPSD	不安抑うつ / せん妄 / 妄想 / 幻覚錯覚 / 弄便 / 異食 / 徘徊 / 帰宅願望 / 暴力暴言 / 介護拒否		

ここに挙げた症状は一例です

サ責のつぶやき5

依頼された時点でスクリーニングをかける

サービス提供責任者は、ケアマネジャーから最初の依頼があったときになぜ訪問介護に依頼がきたのか、その必要性を検討する必要があります。

依頼内容が単にいわゆる“老計10号”（厚生省通知「訪問介護におけるサービス行為ごとの区分等について」平成12年3月17日老計第10号）に当てはまるかどうかで判断するのではなく、利用者の抱える生活の困り具合で判断しましょう。

たとえば掃除を依頼されたとき、ケアマネジャーになぜ訪問介護に掃除の依頼をしたのか、その目的を聞きましょう。

そして、その利用者が望む掃除とはどういった掃除なのか把握しましょう。たとえば膝や腰に痛みがあり、自分で思うように掃除ができないので代わりにやってほしい家事代行なのか、いろいろな疾病を抱えていたり、認知機能の低下があり、掃除という行為をしながら生活全体の様子観察が必要な利用者なのか、一緒に掃除を行うことで生活の動作喚起を行い自立支援を目的とするのかなどです。

状況によっては介護の専門職ではなく他の社会資源の方が利用者の望む掃除が行える場合もあります。

ケアマネジャーに掃除の**目的を聞くことで訪問介護事業所として受けるべきケースなのか、ほかの社会資源が対応する方が有効なのか、見極めをする**ことが必要です。

このようにしておかなければ、契約をした後で利用者の望む掃除と食い違いが起こり、苦情になることもあります。

どこの地域でも介護職員の不足が取り沙汰されているなか、依頼の時点でスクリーニングをかけることで、本当に介護が必要な人のところへ必要な量のケアが届くようにしたいものです。

4 居宅サービス計画書（ケアプラン）と連動する

これまでのステップを踏むと訪問介護計画書は作成できます。しかし、これだけでは利用者のための真のプランにはなっていません。

なぜならば、訪問介護を依頼する根拠となっている居宅サービス計画書（ケアプラン）との連動ができているか確認する必要があるからです。

ケアプランで右、といっていることが訪問介護計画書で左、となっていては、利用者への支援が専門職同士でちぐはぐになってしまう恐れがあります。本項では、もう一度ケアプランに立ち戻り訪問介護計画書とケアプランの連動をどのように行うかを確認していきましょう。

① ケアプランと連動するには

▶ 訪問介護計画書とケアプランの連動とは？

「連動」という意味がよくわからず、ケアプランに書かれている目標をそのまま転記している訪問介護計画書を見かけることがあります。でも、ケアプランの何と連動すればいいのか実は教わったことがないですよね。それでは、「連動」の意味を考えてみましょう。

▶ 「ケアプランの目標」と「訪問介護の目標」が合致していること

連動とは利用者の困りごとの解決に向けて、ケアマネジャーが**ケアプランに位置づけた目標と、訪問介護の目標が合致していること**です。

図 2-25 目的の合致

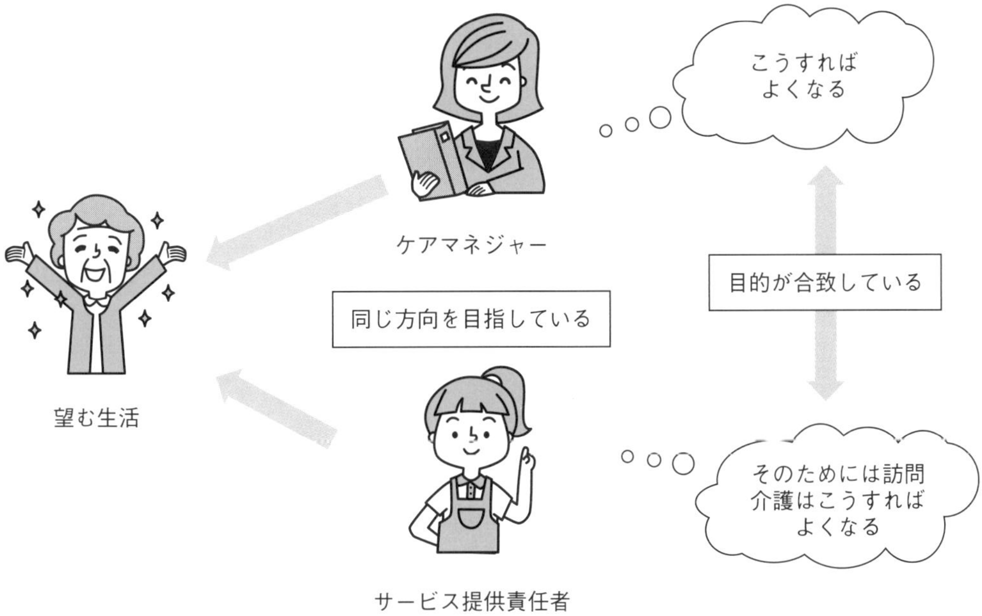

連動は、ケアマネジャーのアセスメントプロセスを理解する

では、訪問介護の目標とケアプランの目標とを合致させる＝連動した訪問介護計画書を作成するにはどうしたらよいのでしょう。

連動した訪問介護計画書を作成するためには、まず、ケアマネジャーが「利用者の生活上の課題をどのように原因分析したのか」「その原因を解決するためにどのような支援が必要だと考え、サービスを位置づけたのか」、という**アセスメントプロセスを理解して共有し、生活の全体像をとらえる**必要があります。

そのうえで**訪問介護の視点でもアセスメントをする**ことで、連動した訪問介護計画書を作成することができます。

2 ケアプランの構造を理解する

アセスメントプロセスは、ケアプランの理解でみえてくる

連動にはケアマネジャーのアセスメントプロセスの理解が必要です。

こうしてみると「そんな難しそうなことできるの」と不安に思う人もいるかもしれません。確かに、ケアマネジャーのアセスメントプロセスは、残念ながらなかなか可視化されません。

しかし、アセスメントの結果であるケアプランのどこに何が書かれているのか、というケアプランの構造が理解できると、訪問介護はどのような役割を担い生活全体のなかでどのような位置づけなのかを読み解いていくことができます。そして訪問介護の役割を理解して、訪問介護の視点でアセスメントをすることで、ケアプランと連動した訪問介護計画書の作成ができるようになります。

本書では訪問介護計画書を作成するうえで、ケアプランのここだけは押さえておきたいポイントをお伝えしながら解説します。

居宅サービス計画書　第1表

第1表には、ケアの骨組みが書かれています。サービス提供責任者はケアの根幹となる援助の方針を把握し、利用者本人の望む生活全体の意向と支援の方向性を押さえておきましょう。訪問介護が何のために支援するのかの大前提の把握となるところです。

新井さんの場合

新井結美子さんの居宅サービス計画書第1表（表2－6（p.39）、表2-11（p.69））を見てみましょう。本人の意向は「もう入院はしたくない」「左手が上手に使えるようにリハビリを続けたい」「夫が育てた野菜を使って夫のために料理がしたい」「湯船で温まって身体をほぐしたい」と記されており、新井さんの想いがわかります。しかし、ケアプランというものは、新井さんの想いだけではなく専門職のアセスメントがあって、ケアの方向性が決まります。

総合的な援助の方針には「介護とリハビリテーションの専門職が連携して支援します」「安定した体調で過ごせるよう減塩に配慮したバランスの良い食事内容を提案」とあります。本人の意向だけでなく、ケアマネジャーのアセスメントの結果として、安定した体調で過ごすために減塩に配慮したバランスの良い食事が必要だと記されています。これらがサービス提供責任者が押さえておくべき「訪問介護が何のために支援するのか」という支援の方向性と生活全体に対する本人の意向です。

表2-11 居宅サービス計画書　第1表

居宅サービス計画書（1）

作成年月日　　年 3 月 26 日

初回・紹介・継続　　認定済・申請中

利用者名　新井 結美子　様　　生年月日　　年 7 月 3 日生　　住所

居宅サービス計画作成者氏名

居宅介護支援事業者・事業所名及び所在地

居宅サービス計画作成（変更）日　　年 3 月 26 日　　初回居宅サービス計画作成日　　年 3 月 26 日

認定日　　年 9 月 30 日　　認定の有効期間　　年 8 月 5 日 ～ 　年 7 月 31 日

要介護状態区分	要介護1 ・ 要介護2 ・ 要介護3 ・ 要介護4 ・ 要介護5
利用者及び家族の生活に対する意向	ご本人：やっぱり自宅がいい、……いので入院中は左手を使う練習をしてきたが、まだ上手く使えないので リハビリテーションを……これからも夫のために料理がしたい。湯船で温まって身体をほぐしたい。 ご家族（夫）：身体に気をつ……事は全部妻に任せてきたので、自分は何をどうしたらいいのかわからない。
介護認定審査会の意見及びサービスの種類の指定	
総合的な援助の方針	脳梗塞の後遺症により、日常生活全般に支障が出てい……るよう、訪問介護とリハビリテーションの専門職が連携して支援します。また、安定……の良い食事内容を提案していきます。 リハビリテーションと福祉用具の活用により、ご自分で……
生活援助中心型の算定理由	1. 一人暮らし　…… ）

居宅サービス計画について説明を受け、内容に……付日　　年　月　日　署名・捺印　　印

利用者や家族はこれからの生活をどのようにしたいと思っているのか、利用者家族のこだわりや価値観は書かれていないか読み取ります

利用者や家族の意見を踏まえ、ケアマネジャーが専門職としてどのように生活全体を援助しようとしているのか、支援の方向性を確認します

同居家族がいる場合の生活援助中心型には、明確な根拠が必要です

▶ 居宅サービス計画書　第２表

第２表には、利用者の課題（ニーズ）と、その課題を解決する方法が書かれています。**ケアプランと連動した訪問介護計画書を作成する際、第２表が最も重要となります。**

サービス提供責任者が押さえなくてはいけないポイントは次のとおりです。

① ニーズを確認し、短期目標を解決してどのような状態を（長期目標）目指すのか、何のために支援するのか目的を把握する（表２-12①）

② 短期目標を見て、この短期目標が必要とされるようになった原因、背景を把握する（表２-12②）

③ 短期目標を達成するために必要な、具体的に行うサービスの内容を確認する（表２-12③）

ケアプランの短期目標は、各サービス事業者がそれぞれの個別援助計画書を作成する際に支援の指標となる大事なところです。

具体的に行うサービスの内容は、短期目標の達成に向けて、自立支援につながることや改善の可能性はないか、今後の悪化を防止し、リスクを回避するには今何を心がけるのかなどの視点をもって支援の方法を検討しましょう。

新井さんの場合

新井さんは「夫のために料理がしたい」という願い（ニーズ）があり、自分１人で調理ができる生活を目指しています。これが長期目標です。そして、これを達成するために、短期目標は「調理ができるようになる」とあり、訪問介護はここを目標としてケアをします。

この短期目標を言い換えると、新井さんは１人で調理ができないということです。「調理」という行為を細分化した結果、利き手交換により左手で包丁を握る練習をしていますが、「食材を押さえることができない」ということが明らかにされました。

そのため、具体的なサービスの内容は「調理」で、できない部分をホームヘルパーと共に行うということが書かれています。つまりホームヘルパーが調理をすべて代行してしまったら、ケアプランの目標と連動していないことになるのです。

表2-12 居宅サービス計画書　第２表

居宅サービス計画書（２）

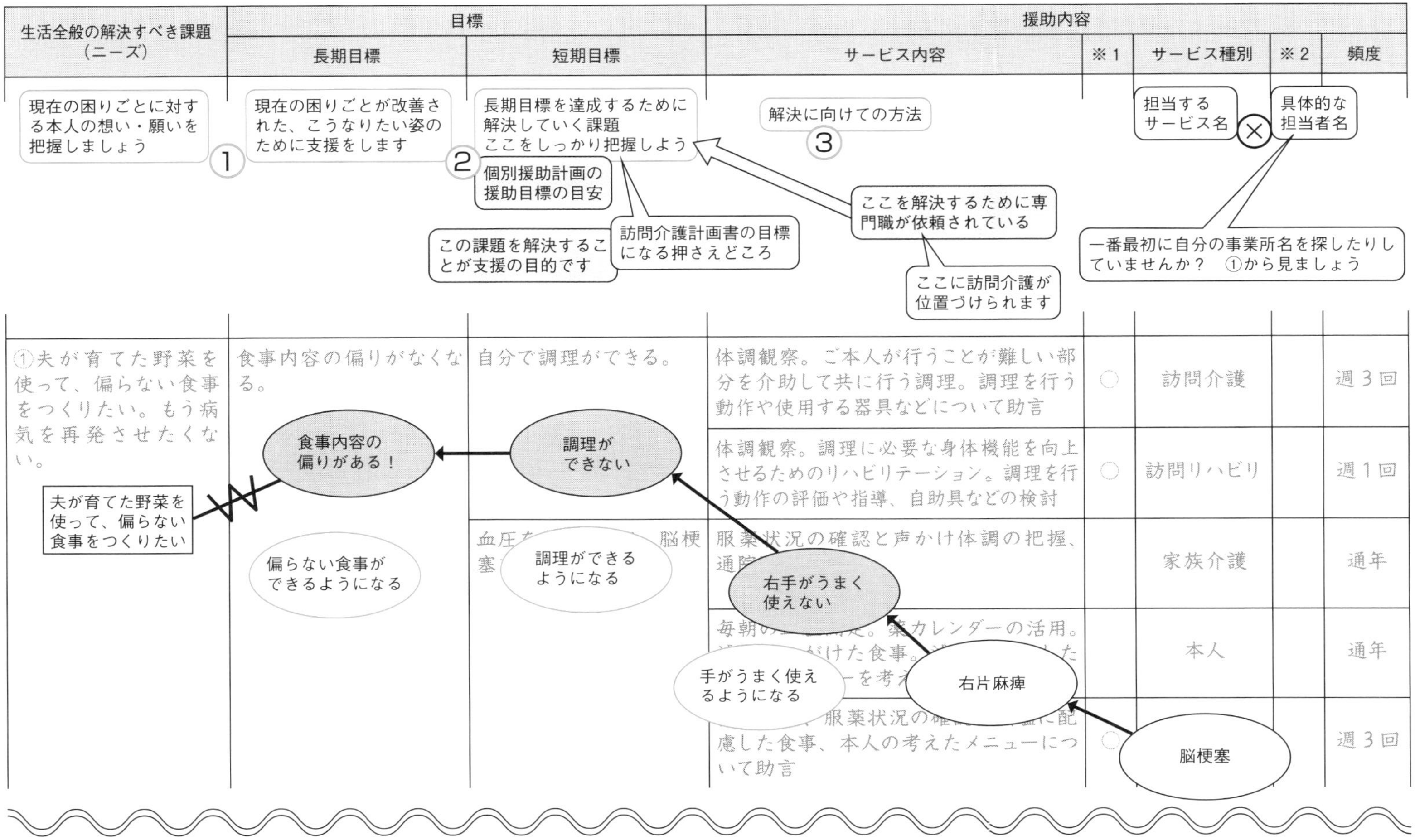

生活全般の解決すべき課題（ニーズ）	目標 長期目標	目標 短期目標	援助内容 サービス内容	※１	サービス種別	※２	頻度
①夫が育てた野菜を使って、偏らない食事をつくりたい。もう病気を再発させたくない。	食事内容の偏りがなくなる。	自分で調理ができる。	体調観察。ご本人が行うことが難しい部分を介助して共に行う調理。調理を行う動作や使用する器具などについて助言	○	訪問介護		週３回
			体調観察。調理に必要な身体機能を向上させるためのリハビリテーション。調理を行う動作の評価や指導、自助具などの検討	○	訪問リハビリ		週１回
		血圧を… 脳梗塞	服薬状況の確認と声かけ体調の把握、通院…		家族介護		通年
			毎朝の…。薬カレンダーの活用。…がけた食事。…した…ーを考え…		本人		通年
			…、服薬状況の確…に配慮した食事、本人の考えたメニューについて助言	○			週３回

＊○に記載の情報は基本情報などから分析・把握したものです

居宅サービス計画書　第３表

利用者の主な日常生活上の活動を第３表で確認できます。第２表の「援助内容」のうち週単位で行われるものは、その月の標準的なサービス計画が記入されており、保険給付対象の内外を問わず基本的な利用者の１週間のスケジュールが書かれているので、サービス提供責任者は、利用者の１週間の生活の流れを把握しておく必要があります。

新井さんの場合

新井さんの居宅サービス計画書第３表（表２-13）では、訪問介護は月曜日・金曜日の 11 時から 60 分と水曜日の 16 時 30 分から 60 分の週３回です。リハビリテーションは水曜日の 10 時 30 分から 60 分というスケジュールです。

訪問介護以外の予定まで把握することで、訪問時間や曜日の変更を調整する際に配慮ができます。また、ほかのサービスの利用状況を把握し、役割を認識して、円滑なチームケアを深めることもできます。

ちなみに、訪問介護の時間や曜日に変更がある場合には第３表に反映されるとともに、新たに訪問介護計画書を作成する必要があります。

表 2-13　居宅サービス計画書　第３表

第３表　　利用者名：　　　　　様　　　　週間サービス計画表　　　　作成年月日　　年　　月　　日

		月	火	水	木	金	土	日	主な日常生活上の活動
深夜	0：00								
	2：00								
	4：00								
早朝	6：00								起床 整容 朝食 後片付け
午前	8：00								洗濯
	10：00	訪問介護		訪問リハビリ		訪問介護			
午後	12：00								昼食 昼寝
	14：00								散歩
	16：00			訪問介護					
夜間	18：00								夕食 後片付け
	20：00								入浴
深夜	22：00								就寝
	24：00								
週単位以外のサービス	月１回：通院（夫対応）								

今までの生活リズムを把握することは、この先どのような暮らしを目指していくのかを検討するときに大切な情報になります

週単位以外のサービスや家族対応など月単位、年単位のスケジュールも把握します

▶ 介護予防サービス・支援計画書

介護予防ケアプランは、細かくてどこに何が書いてあるのかよくわからないというサービス提供責任者も多いのではないでしょうか？

介護予防ケアプランは介護プランに比べて、ケアマネジャーのアセスメント結果が丁寧に書かれています。利用者の状態が悪化しないよう４つの領域に分けて本人の現状を把握し、リスク回避と現状改善の視点でケアマネジャーの意見提案が書かれ、それらに対する本人・家族の考えが書かれています。サービス提供責任者が支援の目標として押さえておくところは表２-14の①の目標です。訪問介護計画書の目標の目安となるところです。②には①の目標を実現させるときの留意点や配慮すべき点が書かれています。そして、その支援が必要となった現状の課題、それに対する本人の願い（ニーズ）が③に書かれています。困りごとの背景や原因にも目を向けましょう。

介護予防ケアプランでは、訪問介護の目標を達成するために必要な時間や回数は、ケアマネジャーではなくサービス事業所が検討するので、回数や週間スケジュールはありません。

ケアプランのどこに何が書いてあるかがわかると、忙しい時間のなかで訪問介護計画書を作成するときに、優先的に把握するべき箇所がわかるでしょう。

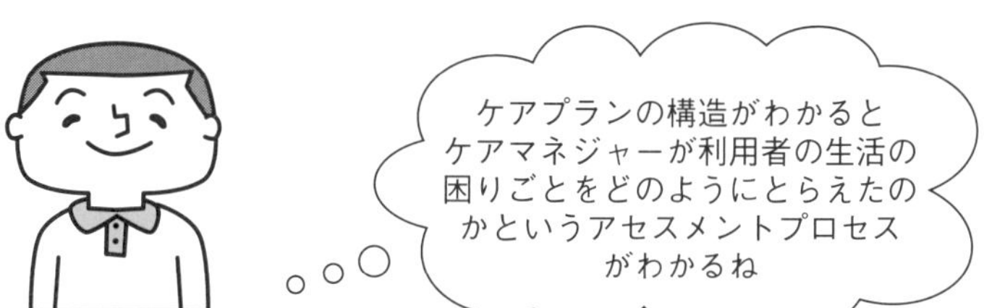

③ ケアプランが届いたらサービス提供責任者が確認すること

ケアプランが手元に届いたときどこから読み始めればよいでしょう。

多くは第２表の訪問介護の支援内容を見るのではないでしょうか。

しかし、**ケアプランが届いたら、サービス提供責任者は、訪問介護の支援内容だけではなく、ケアプラン全体を見て、ケアマネジャーはなぜこのケアプランを**

表 2-14 介護予防サービス・支援計画書（ケアマネジメント結果等記録表）

介護予防サービス・支援計画書（ケアマネジメント結果等記録表）

初回・紹介・継続	認定済・申請中	要支援１・要支援２	事業対象者

NO.

利用者名　　　様（男・女）　　歳　　認定年月日　　年　月　日　認定の有効期間　　年　月　日～　年　月　日

計画作成者氏名　　　委託の場合：計画作成事業者・事業所名及び所在地（連絡先）

計画作成（変更）日　　　日）　　担当地域包括支援センター：

目標とする生活

1日		1年	

アセスメント領域と現在の状況	本人・家族の意欲・意向	領域における課題（背景・原因）	総合的課題	課題に対する目標と具体策の提案	具体策についての意向 本人・家族	目標	支援計画：目標についての支援のポイント	支援計画：本人等のセルフケアや家族の支援、インフォーマルサービス(民間サービス)	支援計画：介護保険サービスまたは地域支援事業（総合事業のサービス）	サービス種別	事業所（利用先）	期間
運動・移動について		□有 □無					（ ）					
……について		□有 □無										
……		□有 □無										
健康管理……							（ ）					

健康状態について
□主治医意見書、生活機能評価を踏まえた留意点

【本来行うべき支援が実施できない場合】
妥当な支援の実施に向けた方針

総合的な方針：生活不活発病の改善・予防のポイント

基……記入して下さい
地域支援事業の場合は必要な事業プログラムの枠内の数字に○印をつけて下さい

	運動不足	栄養改善	口腔内ケア	閉じこもり予防	物忘れ予防	うつ予防
予防給付または地域支援事業	／5	／2	／3	／2	／3	／5

支援センター	【確認印】

上記計画について、同意いたします。

年　月　日　氏名　　　　印

（吹き出し）

毎日のこのような事を行って過ごしたいという本人の暮らしぶりを確認しましょう

利用者の目指す1年後の自分の姿。どのような事を行って過ごしているか、できるようになっているか確認しましょう

領域ごとの現状と困りごとを把握しておきましょう

現状の困りごとをどのようにとらえ今後どのようにしていきたいと思っているのか把握しておきましょう

各領域ごとの困りごとを生み出している原因やその背景を確認し、解決すべき阻害要因を把握しましょう

③

領域を超えて共通する課題原因などを見つけ統合された今後目指す生活です。訪問介護の役割と目的を把握しましょう。支援の根拠になるところです

支援者の目指す総合的援助の方針です。どのように支援していくのか理解しておきましょう

提案した目標や具体策について本人や家族の願いを理解しておきましょう。ニーズにあたります

① 各専門職が役割分担をして目指す利用者の望む生活です。計画書の目標になるところです。自分たちの支援の役割を把握しておきましょう

② 目標に向けた支援を行ううえでの留意点・配慮すべき事項です。確認しておきましょう

本人が自分で取り組むことなどは、支援の際に声かけなどでできているか確認しましょう

依頼された具体的な各サービス事業所のケア内容です。ヘルパーへの指示内容の根拠となります。確実に把握しましょう

健康面で特に留意する点です。常に意識して状態を確認しましょう

ケアマネジャーが課題として挙げられたが計画書に載らなかった点です。生活の中でリスクが起きていないか確認していきましょう

支援をするチーム全体の留意事項です。きちんととらえておきましょう

組み立てたのか、そしてなぜ課題解決のために訪問介護を位置づけたのかを把握する必要があります。

ケアプラン全体を見ることで、利用者の暮らしのなかの「何を目的として自分たちは支援しているのか」という訪問介護の役割を把握できます。これを意識づけて行うことで、ホームヘルパーが自分たちのケアが利用者の生活にどのような効果（結果）をもたらしているのかを評価につなげることができるのです。

次に目標達成のための連携チームを把握して訪問介護の役割と立ち位置を確認します。ケアマネジャーから示された依頼内容は訪問介護だけで解決できるとは限りません。ケアプランに書かれた課題解決のために連携する他職種とそれぞれの役割を把握しておきましょう。

新井さんの場合

新井さんの事例（表2-15）では、「自分で調理ができる」という訪問介護と同じ短期目標を、「調理に必要な身体機能を向上させるためのリハビリ」「調理を行う動作の評価や指導、自助具などの検討」という内容で訪問リハビリテーションが担当します。

これは訪問介護が同じ目標達成のために訪問リハビリテーションとチームを組んで連携して支援していくということです。そうすると同じ短期目標を達成するために、訪問介護はサービス内容に書かれた「ご本人が行うことが難しい部分を介助して共に行う調理」だけでなく、訪問リハビリテーションを受けて調理を行う動作がどのように変化したのか確認することが必要となります。

その他、「血圧が安定して脳梗塞が予防できる」という短期目標を訪問介護と一緒に解決していくチームには、家族や利用者本人も入っていますね。これにより訪問介護は家族や利用者本人に「血圧の数値はいかがですか？」「通院に不便はないですか？」「減塩食に慣れましたか？」などの声かけをして、目標に対する達成状況や課題の把握をしていきます。これがチーム連携です。

このように依頼された行為だけでなく、ケアプランを読んで支援の目的、役割、立ち位置を確認しましょう。

表 2-15 **チーム連携**

居宅サービス計画書（２）

生活全般の解決すべき課題（ニーズ）	目標		援助内容				
	長期目標	短期目標	サービス内容	※１	サービス種別	※２	頻度
①夫が育てた野菜を使って、偏らない食事をつくりたい。もう病気を再発させたくない。	食事内容の偏りがなくなる。	自分で調理ができる。	体調観察。ご本人が行うことが難しい部分を介助して共に行う調理。調理を行う[illegible]言	○	訪問介護		週３回
			体調観[illegible]向上させるためのリハビリテーション。調理を行う動作の評価や指導、自助具などの検討	○	訪問リハビリ		週１回
		血圧を安定させて、脳梗塞を予防する。	服薬状況の確認と声かけ体調の把握、通院同行		家族介護		通年
			毎朝の[illegible]活用。減塩を心がけた食事。減塩に配慮した調理のメニューを考える。		本人		通年
			体調観察、服薬状況の確認。減塩に配慮した食事、本人の考えたメニューについて助言	○	訪問介護		週３回
②湯船で温まって身体をほぐしたい。	入浴することで心身ともにリラックスできる。	湯船に入れる。	回転バスボードの購入		特定福祉用具販売		早急に
			浴槽入り口と浴槽の脇に手すりを設置		住宅改修		早急に
			体調観察。浴室の出入りに必要な身体機能を向上させるためのリハビリテーション。浴槽の出入りを行う動作の評価や指導	○	訪問リハビリ		週１回

このメンバーが短期目標を達成するためにチームを組みます

このメンバーが短期目標を達成するためにチームを組みます

※１　「保険給付の対象となるかどうかの区分」について、保険給付対象内サービスについては○印を付す。
※２　「当該サービス提供を行う事業所」について記入する。

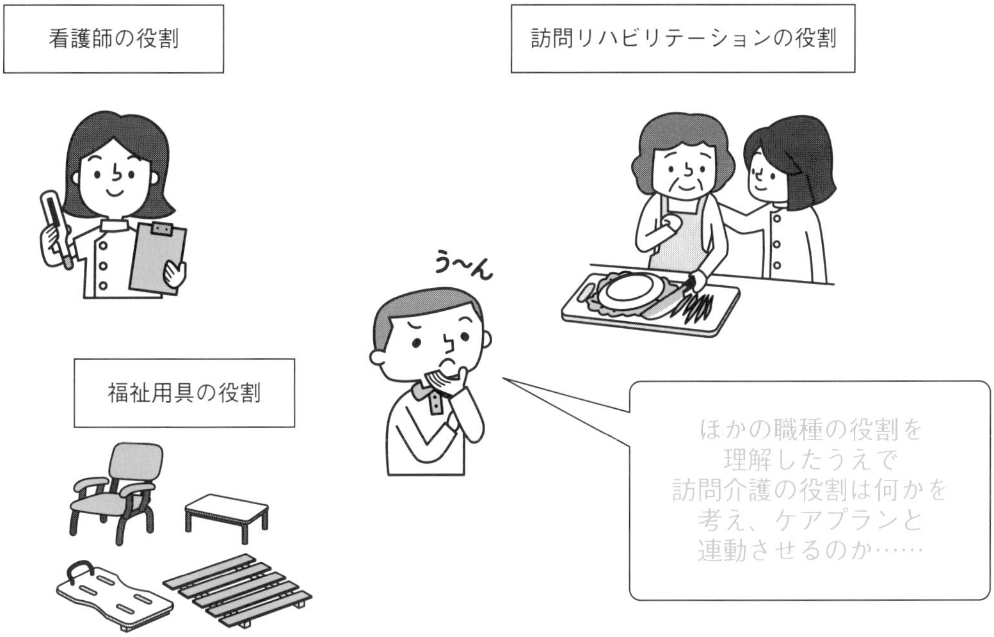

図2-26 第2表のチーム連携の図

4 ケアプランと連動した訪問介護計画書の援助目標の設定

▶ 訪問介護事業所の援助目標の指標はケアプランの短期目標！

訪問介護計画書の援助目標はケアプランの短期目標が指標となります。

ケアプランの短期目標は、利用者の長期目標、現在の困りごとが改善された目指す生活、なりたい姿のために解決していく目標です。言い換えれば、現在できていない、解決できていないということです（表2-12（p.71））。阻害要因を解決するために各サービス事業所が支援するわけですから、**短期目標はサービス事業所の目指す目標**となります。課題解決に向けて各々の専門職がチームとなって目標の達成を目指します。

訪問介護事業所によって訪問介護計画書の目標は、長期・短期と分けている事業所もあると思いますが、今回はケアプランの長期目標や短期目標と混同しないために長期・短期と分けずに1つの**援助目標**としてとらえ、目標達成に向けて支援をしていく際に注意すべき点を**留意事項**として書きました。

ケアプランの短期目標は利用者の「望む生活」をかなえるために、阻害している要因や課題、生活場面を特定し、具体的に改善するための目標が設定されています。

訪問介護計画書の援助目標は、訪問介護を利用することにより、生活の困りごとの何を解決・改善しようとしているのかを具体的に利用者に示します。

ケアプランに書かれた短期目標をそのまま転記するのではなく、**訪問介護の独自の視点で生活全体をとらえたうえで、「自立支援」「改善可能性を探る」「重度化防止」「リスク回避」の視点をもち、訪問介護の役割に置き換えて援助目標を設定**しましょう。

ホームヘルパーはこのような支援のために来ているのだと利用者に理解してもらうことが大切です。また実際に訪問するホームヘルパーが、何のために訪問して支援しているかを意識できるような表現を心がけることも大切です。

ここまでのポイント!

居宅サービス計画書（ケアプラン）と連動する

- ケアプランの目標と訪問介護の目標が合致していること
- 訪問介護の援助目標はケアプランの短期目標が指標となる
- 他の職種の役割を理解したうえで訪問介護の役割は何かを考え、ケアプランと連動させる

5 本当にその計画でよいのか評価をする

① サービス担当者会議でいろいろな「?」情報を聞いてみよう

これまでで述べたような手順と視点をもてば、訪問介護計画書は作成できます。しかし、この手順どおりに作成できない場合も多くあると思います。

たとえば、急な新規の依頼により、訪問介護として事前のアセスメントが不十分であることや利用者の情報が足りず暫定の訪問介護計画書しか作成できない等です。訪問介護計画書は利用者の訴えや想いだけが反映されているわけではありません。「なぜそのような想いがあるのか」アセスメントしなくてはなりません。

そのような場合にはサービス担当者会議でケアマネジャーや利用者に不明な情報をきちんと聞いてみましょう。新規のサービス担当者会議は、利用者の自宅で開かれることが多いです。そこにはその人の生きてきた歴史や情報がたくさんあります。ケアマネジャーに質問するだけでなく利用者の情報を丁寧に探しましょう（サ責のつぶやき 1 (p.27) 参照）。

② 必要なときはケアプランの変更を提案する

▷ ケアマネジメントにおける支援サイクル

「ケアプラン」はサービス担当者会議を経るまでは「原案」の状態です。サービス担当者会議で利用者や担当の専門職の同意を得ることで原案が確定され、支援が開始されます。このときの支援サイクルは一般的に一連のサイクル（P→D→C→A）で動くといわれています。

ケアマネジメントにおけるPDCAとは、①利用者の情報をアセスメントして、実行にあたっての計画を立てること（PLAN）。②計画に沿った実行をすること（DO）。③結果を把握して評価すること（CHECK）。④見直しを行うこと（ACTION）。そして、次に向けて再アセスメントを行うというサイクルをくり返すことです。

▶ 訪問介護におけるケアサイクル

訪問介護におけるケアサイクルを考えてみましょう。

訪問介護は訪問介護計画書の目標達成に向けてケアを実行します（図2-27）。

図2-27 訪問介護におけるケアサイクル（著者案）

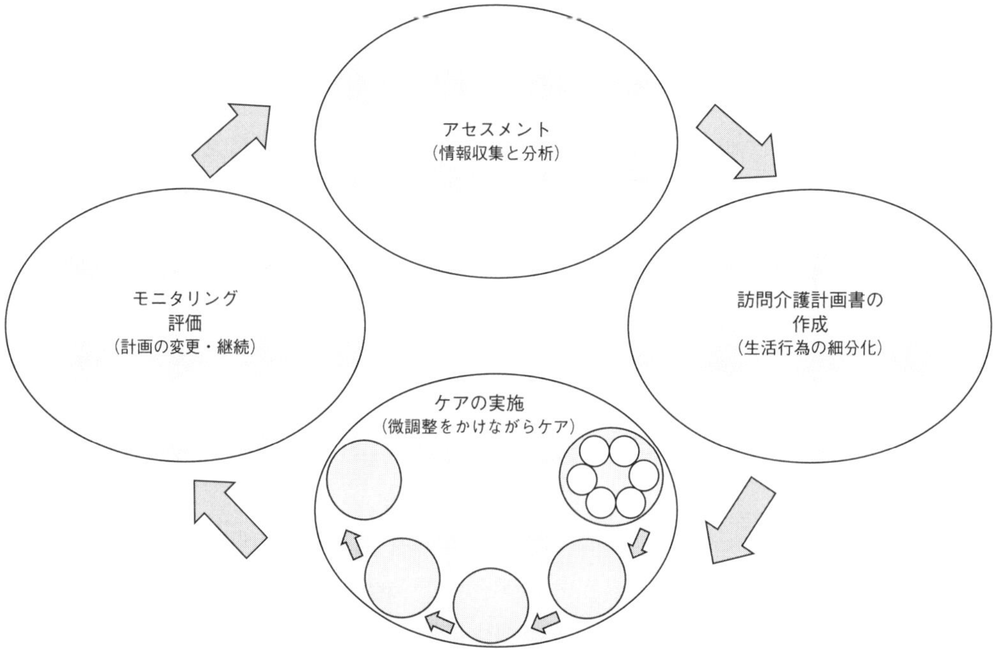

しかし、情報は事前に収集したものだけでなく、ケア中に得ることも多くあります。そのため、新たに得た情報に合わせてケアの方法が変わることがあります。

たとえば計画の目標に合わせて「A」という方法でケアを実施してみたけれど、どうもうまくいかない、効果が出ない、というときがあります。そんなときは「来週からは『B』という方法でやってみよう」となりませんか。

これは、訪問介護計画書の目標は変わらないけれど、指示書、手順書などのケアの方法を利用者の変化に合わせて微調整しているということです。

ホームヘルパーとともにサービス提供責任者はケアをしながら情報収集（アセ

スメント）をして、新たな方法を考え（計画）、行ってみて（実施）、効果はどうだったのか（評価）をくり返しています。

訪問介護は利用者の状況が変化すれば、良くも悪くもその都度利用者の生活状況の変化に対応するために、この小さなサイクルを何回もクルクルと回しながらケアの方法を工夫し、計画の目標達成を目指しているのです（図２-28）。

これは知識や技術だけでなく訪問介護のケアサイクルの特徴であり、訪問介護の専門性の１つだといえます。

図2-28 微調整をかけながらケアの拡大図（著者案）

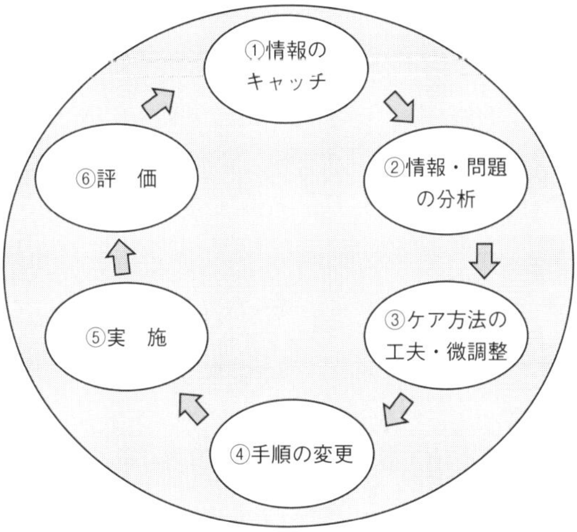

① 情報のキャッチ：利用者の発言や行動を観察し新たなニーズや問題を探る

② 情報・問題の分析：利用者も気づいていない課題も含めて分析する

③ ケア方法の工夫・微調整：課題解決のための工夫、アイデアを考える

④ 手順の変更：工夫、アイデアを素早く伝える（必要に応じて手順書の再作成）

⑤ 実施：改善したケアを実施する

⑥ 評価：ケアの効果を確認する

必要であればケアプランの変更を提案する

訪問介護のサイクルは計画を作り直すためだけのサイクルではありません。利用者の暮らしの変化を、利用者の視点に一番近い訪問介護がしっかりと観て、必要に応じてケアの方法を変更、見直しをしていくというサイクルです。

なお、ここでいう「計画」は訪問介護計画書だけのことではありません。訪問介護計画書の目標を設定する根拠になっているケアプランも同様です。ケアプランの変更にはケアマネジャーと利用者の同意が必要ですが、訪問介護の視点から変更の必要が生じたと思ったときは、そのことをケアマネジャーや利用者に提案することはできます。

目標を達成するために、ケアプランの変更が必要だと思ったときは、きちんとした根拠を示してケアマネジャーに提案しましょう。

3 ケアの評価をする

ケアプランに沿ってケアをした結果、利用者本人の望む生活に近づけることができたのか、検証することはとても重要です。また、訪問介護計画書の援助目標は的確だったのか、役割は遂行できたのか、目標は達成できたのか、新たな課題はないのかなども同時に評価します。

具体的には、サービス提供責任者が計画の進捗状況や目標の達成状況などを利用者宅を訪問し確認します。次にその結果を毎月ケアマネジャーに報告します。

ホームヘルパーから利用者状況の報告を受けますが、利用者に満足度や留意点の変更、新たな希望点がないかなども確認します。

▶ 改善すべき点がある場合

改善すべき点が見つかったときには、その根拠を示し事業所内でケアカンファレンスなどを開催し検討するなどして、自らが計画し実行したケアについてきちんと評価を行い、再アセスメントをして新しい訪問介護計画を立案します。

▶ やりっぱなしではなく評価することがケア向上の鍵

「評価」は利用者の生活の質（QOL）の向上だけでなく、訪問介護が行うケアの質の向上にもつながります。訪問介護計画書は、サービス提供責任者だけでなく、ホームヘルパーたちのケアの評価の視点になり、適切なモニタリングにつなげることができるのです。評価はケアの内容を振り返り、自らの技術や知識の向上を目指し、自己研鑽になります。

利用者の生活に１番近い訪問介護だからこそ「暮らし」を支える力をつけたいものです。

サ責のつぶやき 6

訪問介護計画書があれば担当ホームヘルパーへの指示も迷わない

皆さんはいつもホームヘルパーに事前にどのような書類を渡していますか？

たとえば掃除の依頼があったとき、ホームヘルパーに伝えているのは掃除道具の保管場所や使用する道具、掃除をする部屋の確認、掃除の仕方にとどまってはいないでしょうか？

このように、ホームヘルパーのケアに必要な**作業手順だけを指示しても訪問介護の専門職が行うケアにはなりません。**

実際に現場でケアに入るホームヘルパーに訪問介護計画書を渡していますか？

訪問介護は何のためにケアに入るのか、目標は何なのかをホームヘルパーに伝えるためには、訪問介護計画書を渡すことが有効です。

なぜならホームヘルパーには、依頼された介助行為に対する本人の思いと、訪問介護が何のために支援をするのかという目的、目標を伝えなくてはならないからです。

今まで述べてきた視点で作成した訪問介護計画書があれば、担当するホームヘルパーへの指示も迷いませんね。何のために支援に入っているのか、注意して支援するポイントはどこかが明確になることで、自分の行った支援によって生活がどう変わったのか等のモニタリングが的確になっていきます。

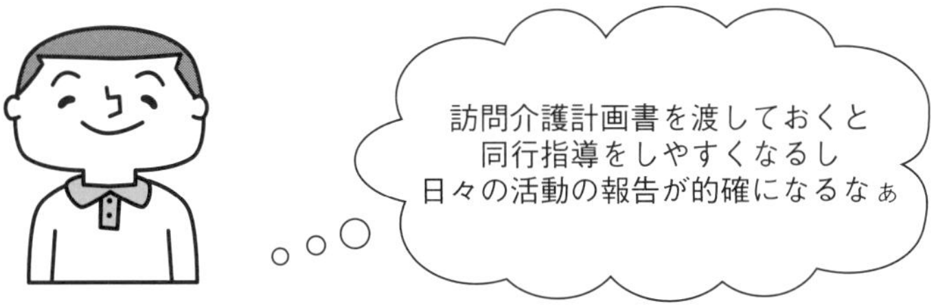

サ責のつぶやき 7

モニタリングには何をすればよいか

毎月ケアマネジャーに報告するモニタリングには何を書いていますか？モニタリングは「お変わりありません」などの様子報告をするだけのものではありません。

モニタリングは、訪問介護の視点で訪問介護サービスが利用者の生活全般の解決すべき課題の解決に向かって効果を上げているかを評価し、利用者の変化に応じた新たな生活ニーズが発生していないかを確認し、報告するものです。

ケアを行いながら目標の方向性や目的が違っていると感じたときは、その根拠を示し**ケアプランの変更や訪問介護計画書の変更を行います。**

単にサービスが提供されているかどうかを報告したり、サービス提供の時間や曜日が正しく実施されたかを報告するだけでは不十分です。

また、利用者の多くが高齢者でありさまざまな疾病を併せもっていることが多く、その症状は病態が悪化してから現れてくることがあるため、症状やリスクを常に観察し報告することが必要です。様子の変化に気づくためには利用者の**「いつもの状態」**を把握していることが前提になります。いつもの状態を知っていることでより早く変化に気づくことができるのです。

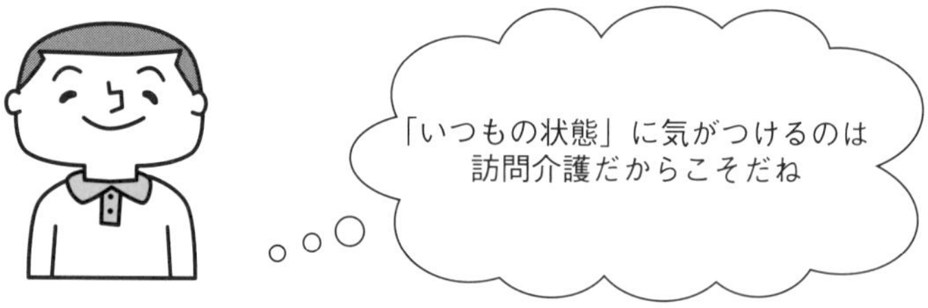

第3章

よくわかる！
訪問介護計画書
作成事例集

事例の読み進め方

事例は著者の間で何度も検討を重ね、以下の手順を踏んで読み込むと作成手順までわかりやすく理解できるようになりました。

「自分だったら」「自分の利用者さんだったら」と常に考えながら読み進めてみてください。

1 ステップ1　利用者の全体像から困りごとの原因分析・予後予測をする

▷ 基本情報を確認する（着目点は緑字にしています）

・既往歴／現病歴から利用者本人の抱えている病気を把握し、理解を深めます。（病気の注意点、進行性…etc.）

・生活歴を確認し、暮らしてきた時代背景や家族構成を把握し、本人の価値観や想いを理解します。

▷ ケアプランを確認する（着目点は緑字にしています）

・第1表の総合的援助の方針からチーム全体で目指すケアの方向性を知ります。

・第2表からは訪問介護の援助目標の指標となる短期目標を押さえ、連携する他職種を知ります。

＊予防プランの場合は「課題に対する目標と具体策の提案」で方向性を知り、「目標」を押さえ、訪問介護の援助目標の指標を確認します。

＊ケアプランは訪問介護に関連の深い部分を抜粋しています。

▷ 原因を分析する

・アローチャートを使い、生活の全体像をとらえ、原因を分析します。

本書では、訪問介護に依頼されている内容は◯で表しています。

予後を予測する

・アローチャートを使い、予後を予測します。

で表しています。

ニーズの確認

・『今できていない現状』と『どのような生活を望んでいるか』をセットでとらえ、ニーズを確認します。で表しています。

依頼されている内容以外の困りごとの確認

・訪問介護に依頼されている内容以外に困っていることがないかを確認します。

で表しています。

援助目標の設定

・ここまでの確認事項を踏まえて援助目標を考えます。

援助目標のヒントがある場所をで表しています。

2 ステップ2 生活行為を細分化し、困り具合を確認する

1　生活行為を細分化する

2　具体的な困り具合を確認する

3　支援方法を検討する

4　本人の考え・工夫を踏まえ、サービス提供責任者が評価する

これらはサ責のお助けシートを使用します。

・黒字は基本情報（フェイスシート）、ケアプラン等から読み取れる情報を記載しています。緑字はサービス提供責任者独自に確認した内容です。

・自立支援の視点から生活行為の一連の動作の中で本当に困っていることを把握します。

・依頼された内容だけでなく生活行為の１つひとつを確認し、この先に起こるかもしれないリスクに留意しましょう。

3 訪問介護計画書の作成をする

サ責のお助けシートの情報をもとに訪問介護計画書を作成します。

事例 **1**

いつか自分の目で見て買い物ができるようになりたい利用者の事例

基本情報に関する項目（一部情報を省略しています）						
氏名	高田　テイ　様	性別	女性	生年月日	年 2 月 29 日 生	78 歳
住所	○○○市	要介護度	2			

家族構成図

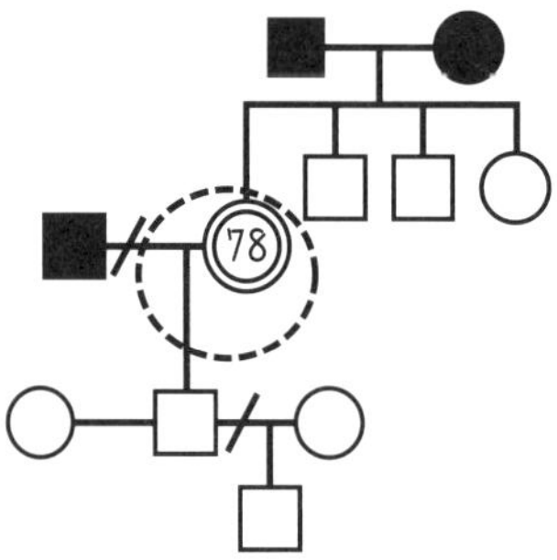

障害高齢者の日常生活自立度	J2
認知症高齢者の日常生活自立度	自立
服薬状況	降圧剤
	痛み止め

既往歴／現病歴	腰部脊柱管狭窄症（73 歳）（現病）
	右足下垂足（76 歳）（現病）
	胃がん（全摘）30 年前頃
これまでの生活歴	東北で出生。4 人兄弟の長女。女学校卒業後、東京へ就職。銀座のレストランでウエイトレスとして働く。その後転職を繰り返す。結婚の経緯は不明だが、30 歳で長男が生まれる。43 歳で離婚し、地元へ戻る。息子が成人になるまでパチンコ店で勤務していた。5 年前頃から右足のしびれ、痛みが出現。近医に受診し加療するが、改善が見られず市内の整形外科に再受診。仙骨硬膜外ブロックを 2 回実施。左下肢の麻痺の進行が見られ歩行も困難になってきた。そのため、隣町の総合病院へ紹介を受ける。同年 8 月に腰部脊柱管狭窄症の手術を受ける。
主訴	本人：「自分のことは自分でしたい」「自分で買い物がしたい」「自分で掃除がしたい」「リハビリをがんばって、早く歩けるようになりたい」
経緯	手術後すぐにリハビリテーションを行ったが思うように歩くことができなかった。退院後 1 人暮らしになるため、家族や医師が介護サービス等を勧めたが本人からは思うような返事をいただけなかった。1 人暮らしのため、医師・友人が説得し介護保険のサービス利用を決意し申請することになった。

一日の過ごし方	0		6			12		18		24
			起床	朝食	洗濯	昼食		夕食	就寝	

課題分析(アセスメント)に関する項目					
健康状態	室内は杖や手すり等を使用することで歩行可能。高血圧は服薬にて安定している。胃を全摘しているため、食事の摂取量は少ないが、空腹の頻度が多いため少量を回数多く食べすぎており体重増加している。				
ADL評価	右足下垂足のため、利き足に加重をかけることができない。右足は短下肢装具を装着することで歩行可能だが、左足もしびれがあり長距離の歩行は難しい。段差を越えることはまだ難しい。住居は借家のため、手すり等の設置は難しく室内は伝い歩き。屋外は歩行器を使用。こたつからの立ち上がりはなんとか自立。着替え、シャワー浴は自立。				
項目	状態	備考	項目	状態	備考
移動手段	歩行	短下肢装具を装着し歩行。ふらつき多い	社会との交流	一部介助	友人の訪問あり。外出はデイサービス利用時のみ
立位	自立		口腔衛生	自立	
座位	自立		認知症	なし	
排泄	自立		問題行動	なし	
入浴	自立	シャワー浴のみ	褥瘡	なし	
更衣	自立		麻痺	右足	
食事	自立		拘縮	なし	
視力	支障なし		介護力	なし	一人息子が遠方におり、たまに帰省する
聴力	支障なし		特別な状況	なし	
意思疎通	可		その他		
言語	支障なし				
IADL評価	調理は自分で行っている。長時間台所での立位は難しいが、いすに座りながら行っている。				
項目	状態	備考	項目	状態	備考
買い物	一部介助	買い物リストの作成はできる	服薬管理	自立	
調理	自立		金銭管理	自立	
掃除	一部介助	掃除機をかける、かがんで雑巾がけをすることはできない	電話の使用	自立	
洗濯	自立		住環境	借家	住宅改修はできない。玄関の中・外に段差あり
その他	本当は他人にお願いしたくはないが、いずれ自分で買い物に行くために、今は手伝ってほしい。リハビリテーションにもがんばって通って、早く歩けるようになりたい。				

居宅サービス計画書(1)(2)

利用者名　高田　テイ　様　生年月日　年　2　月　29　日生　初回・紹介・継続　認定済・申請中

要介護状態区分	要介護1 ・ 要介護2 ・ 要介護3 ・ 要介護4 ・ 要介護5
利用者及び家族の生活に対する意向	本人：本当は他人にお願いしたくはないが、いずれ自分で買い物に行くために、今は手伝ってほしい。早く歩けるようになりたい。 息子：無理をしないでほしい。今は遠方にいるのでなにかあっても、すぐに来ることはできない。なるべく、協力はしたいが本人のできないところを手伝ってほしい。
総合的な援助の方針	腰部脊柱管狭窄症から両足にしびれがあり、歩行が不安定です。また、お1人暮らしであり、買い物・掃除に支援が必要です。「自分のことは自分でしたい」と強く思っています。いずれ、自分でできるようになるよう、リハビリを行いながら少しずつできることを増やしていきましょう。
生活援助中心型の算定理由	1. 一人暮らし　2. 家族等が障害、疾病等　3. その他（　）

生活全般の解決すべき課題（ニーズ）	目標				援助内容			
	長期目標	(期間)	短期目標	(期間)	サービス内容	※1	サービス種別	頻度
自分の目で見て新鮮なものを買いたい。	いつも行ってる○○スーパーで新鮮なものを買える。		近所の友人宅まで歩いて行けるようになる。		装具を装着、福祉用具を使用しての歩行に慣れる。	○	リハビリテーション特化型短時間デイサービス 福祉用具貸与	週2
					自宅で行うリハビリメニュー作成・実行	○	リハビリテーション特化型短時間デイサービス 本人	適宜
			自分がほしい新鮮なものがそろう。		買い物リストの作成、選び方の伝達		本人	週2
					買い物代行、食材等の選び方を確認して購入	○	訪問介護	週2
					買い物代行		ご近所さん	適宜
					収納・片づけ		本人	適宜
自分で掃除ができるようになりたい。	自分で掃除ができる箇所が増える。		30分立っていることができる。		掃除を想定した動作評価	○	リハビリテーション特化型短時間デイサービス	毎日
			体重を減らし、体型維持を心がける。		栄養指導・食べ方の工夫		医療機関 管理栄養士	
			見守りのもと浴室とトイレの掃除ができる。		掃除（浴室・トイレの清掃支援）、掃除動作の確認	○	訪問介護	週1

※1　「保険給付の対象となるかどうかの区分」について、保険給付対象内サービスについては○印を付す。

事例1 高田さんのアローチャート

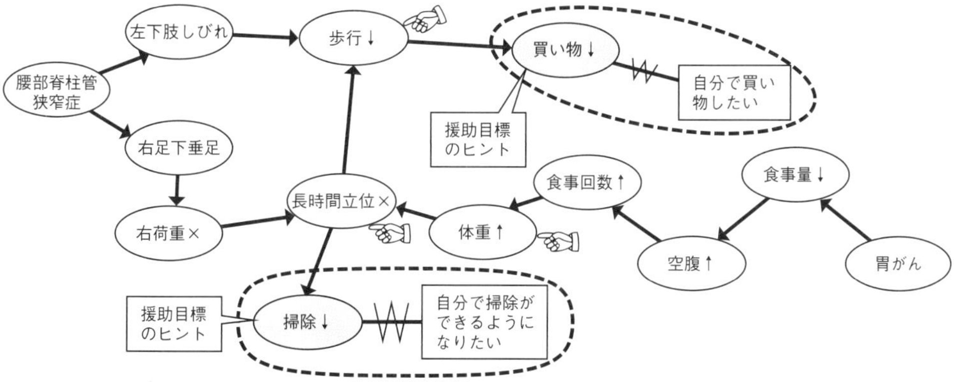

高田さんの全体像を確認する

高田さんは「自分のことは自分でしたい」と強く希望しています。ところが、買い物や掃除が自分ではできず、訪問介護に支援の依頼がきています。

しかし、高田さんは「買い物や掃除をやってほしい」と思っているのではなく、「自分でできるようにしたい」と思っているので、依頼されたケアを行うだけでなく、どうしたら自分でできるようになるか検討する必要があります。

それでは、どう考えていけばよいか、高田さんの全体像から確認してみましょう。

高田さんが自分のことができなくなっている原因の１つに腰部脊柱管狭窄症による左下肢しびれと右足下垂足があげられます。この症状にはリハビリテーションが対応しています。

原因にはもう１つ、胃がん手術後の食事量コントロール不良があげられます。胃の摘出手術をしている高田さんは、食事量を多くすることはできず食事をわけて食べているため、空腹のタイミングが増え、その分食事回数が増えてしまい、体重が増加しています。そのため長時間の立位が難しくなっています。

これが高田さんの困りごとである「掃除」「買い物」両方の原因となっています。そのため、「長時間立位×」の状況を改善すると２つの困りごとを解決できる可能性があります。

では、訪問介護はどこに着目したらよいでしょうか。「長時間立位×」の原因の１つである「体重↑」に対し、管理栄養士と連携し、食事内容の提案や買い物時の食材の選び方などの助言ができるのではないでしょうか。依頼されてはいませんが、食事内容を把握し助言することで、問題の根本を解決できるかもしれません。

サ責のお助けシート	利用者氏名	高田　テイ　様	性別	男・女	要介護2 要支援 事業対象者	年齢

現状と着目したい項目

健康状態	悪性腫瘍	骨粗鬆症	
	脳卒中	関節疾患	右足下垂足
	高血圧	膝関節症	
	心疾患	圧迫骨折	腰部脊柱管狭窄症
	肺疾患	パーキンソン症状	
	腎不全	睡眠障害	
	糖尿病	認知症＊1要確認	胃がん
コミュニケーション能力	発語	聴力	
	視力	意思疎通	
排尿・排便	便秘	尿道カテーテル	
	便失禁	ストマ	
	尿失禁		
社会との関わり	近隣交流	外出	
	友人交流	通院	
皮膚の問題	褥瘡	爪	
	痒み		
	浮腫		
口腔状態	口腔衛生	炎症	
	歯	嚥下	
食事摂取	低栄養	脱水	
	栄養バランス	禁止食	
	経管栄養		
居住環境	設備	階段	
	空調	段差	
	衛生面	冷蔵庫内	
特別な状況	ターミナルケア	虐待	
介護力	家族の協力	介護負担	
その他	経済力	喫煙	
	金銭管理	飲酒	
	服薬		

移動・動作
寝返り
起き上がり
座位
立位
歩行
かがむ
腕が上がる
手指

＊1　中核症状
記憶障害
見当識障害
理解力の低下
判断力の低下
実行機能障害
失認
失行
失語

各生活行為を細かく分けて、困難なこと

排泄	便意・尿意	脱衣	排尿	排便	後		
食事	食べ物を確認	道具を持つ（箸／スプーン／フォーク）	口に運ぶ	噛む			
入浴	湯はり	衣類の準備	脱衣	洗体	洗髪	入湯	身体拭
整容	洗面	歯磨き	整髪	髭剃り	化粧	爪切り	耳そ
掃除	居室の掃除（掃除機／ほうき／はたき／モップ）	かがむ掃除（雑巾）	キッの掃				
洗濯	衣類を選別	洗濯機を回す（全自動／二槽式）	取り出す	運ぶ	干す（ハンガー等で干す）		
調理	献立考案	食材の確認	切る	加熱（コンロ／IH／レンジ）	火気管理	味	
買い物	買い物リストの作成	買い物先へ移動	店内の移動	商品の選択	会計	袋詰	
その他							
＊1 BPSD	不安抑うつ	せん妄	妄想	幻覚錯覚	弄便	異食	徘

78歳	身長 155cm	体重 60kg	BMI 25.0	アセスメント理由 初回・変更・更新	実施日 年 月 日	評価者

に○をつける	現状に関する本人の考え・工夫	サービス提供責任者の評価
始末 着衣		
飲み込む 飲水		
を く 着衣 髪を乾かす	入浴は元々シャワー浴である。ゆっくり入れば1人でのシャワー浴は可能。	より安全な入浴の検討が必要。滑り止めシート（吸盤なし）の活用。
うじ 着替え 上半身 下半身 靴下		
チン 除 浴室の掃除 トイレの掃除 リネン交換 ごみの処理	ほうきやモップ等を使い、かがまなくてもよい工夫をしている。浴室・トイレの掃除は、踏ん張りがきかず、難しい。自分でも掃除ができるのか、誰かがいるときに一緒にためしてみたい。	浴室は滑るので危険が多い。トイレは狭い空間であるため隅々まで掃除は難しい。掃除の動作を確認し1人でも掃除ができるようになるか一緒に考える。
取り込む 畳む 収納	洗濯機で洗濯し、物干しは室内であれば可能。	できたら外で干したいとの希望がある。リハビリテーションとの検討が必要。
つけ 盛りつけ 食器の出し入れ 配下膳 食器を洗う		
め 品物を持ち帰る 収納 金銭管理	緊急の買い物が発生した場合は、ご近所さんにお願いをしているが、頻繁にお願いすることは遠慮がありできない。	いつも行っていた○○スーパーに行きたい。「自分で買い物がしたい」という強い希望がある。現在は代行だが、歩行状態により一緒に買い物に行くことも検討。
徊 帰宅願望 暴力暴言 介護拒否 ここに挙げた症状は一例です		

サ責のお助けシートから具体的な困りごとの確認

・買い物ができないことに対する対応

高田さんは買い物という行為のなかでも、できないのは「買い物先への移動」と「品物を持ち帰る」の２点です。買い物リストの作成は可能なので、高田さんが好む食材等を話題にしながら体重の減量を視野に入れ、買うべきものを話し合ってみましょう。

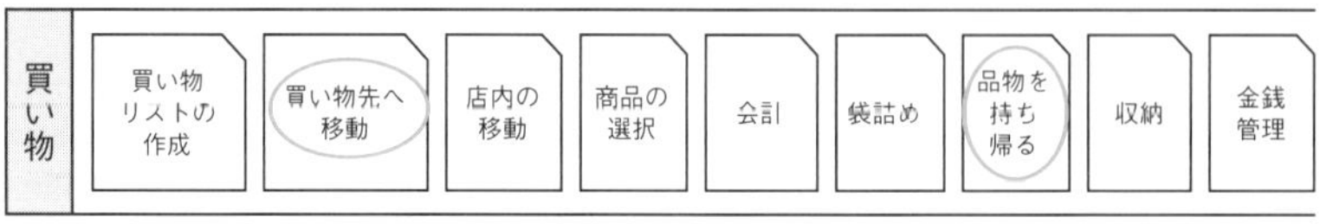

買い物先は、いつも行っている○○スーパーに行きたいということもわかりました。どのくらいの距離を歩けるようになればそこへ行けるようになるのか目標が具体的になります。リハビリテーションと連携することで歩行力の評価ができます。

さらに、お店まで歩くことは困難であっても、歩行ではない移動手段を提案できれば、現在の歩行力でも自分で買い物をすることが可能かもしれません。

・掃除ができないことに対する対応

もう１つの困りごとに、掃除ができないことがあげられます。

サ責のお助けシートを見ると、浴室とトイレの掃除がうまくいっていないことがわかりました。両足で踏ん張ることができずかがむことができないからです。

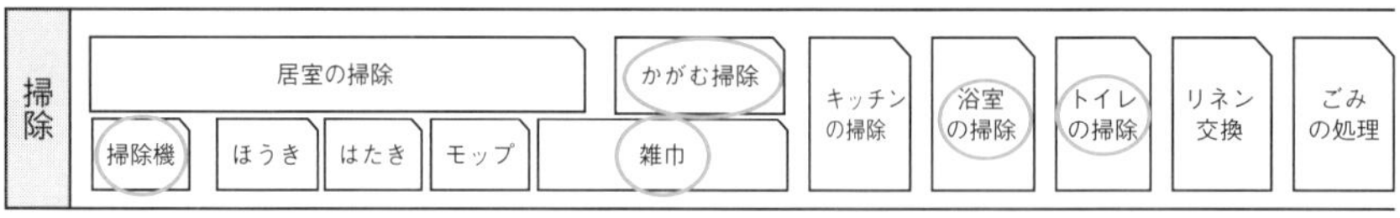

「現状に関する本人の考え・工夫」によると、ほうきやモップ等を使用していますが、足に問題がある状態では危険であることがわかりました。

用具の活用でも危険があることは「サービス提供責任者の評価」からも明らかですので、現状ではリハビリテーションによって身体機能が回復するまでは、訪問介護が掃除の代行をすることになります。

しかし、高田さんは「自分で掃除ができるようになりたい」と思っており、「自分でも掃除ができるのか、誰かがいるときに一緒にためしてみたい」と考えています。掃除という行為をさらに細分化し、できない動作を具体的に確認し、リハビリテーションと一緒に現状の ADL に対する工夫・アイデアの提案・助言をしていきましょう。

現状に関する本人の考え・工夫欄より

ほうきやモップ等を使い、かがまなくてもよい工夫をしている。浴室・トイレの掃除は、踏ん張りがきかず、難しい。自分でも掃除ができるのか、誰かがいるときに一緒にためしてみたい。

訪問介護計画書

新規・更新・見直し・変更（　　）

ふりがな 利用者氏名	高田《たかだ》　テイ《てい》　様　男・女	生年月日	大正・昭和　年　2　月　29　日
住　所		電　話	（　　）
有効期間	年　月　日～　年　月　日	事業対象者	要支援 1・2 ／ 要介護 1・2・3・4・5
計画作成者		作成年月日	年　月　日

【目標・期間】

本人及び家族の希望	本人：「自分のことは自分でしたい」「自分で買い物したい」「自分で掃除がしたい」「リハビリをがんばって、早く歩けるようになりたい」 息子：遠方で働いているので、心配なことは多いです。母とも話しましたが、無理をせず介護保険を利用して生活を続けてほしいです。		
援助目標	自分が欲しい新鮮なものがそろう。	留意事項	買い物リストは本人が作成。
			体重増加に配慮した食材の提案。
	見守りのもと浴室とトイレの掃除ができる。		現状のADLに対する工夫・アイデアの提案・助言。

【援助内容】

No.	派遣曜日	月・火・水・木・金・土・日	派遣時間	10：00 ～ 11：00	：　～　：
	派遣曜日	月・火・水・木・金・土・日	派遣時間	10：30 ～ 11：30	：　～　：

No.	サービス区分	サービス内容	所要時間	ケア時の着目点
1	生活援助	サービス準備・様子観察・記録等	5 分	＊本当は「自分で買い物がしたい」と強い希望があります。現在は長時間の歩行に問題があり、自分で買い物をすることができません。歩行の安定を図るため、リハビリテーションと連携していきましょう。 ＊バランスの良い食生活を続けることで体型を維持し、安定した歩行を目指します。
		買い物	55 分	
			分	
		合計時間	60 分	

No.	派遣曜日	月・火・水・木・金・土・日	派遣時間	10：00 ～ 11：00	：　～　：

No.	サービス区分	サービス内容	所要時間	ケア時の着目点
2	生活援助	サービス準備・様子観察・記録等	5 分	＊浴室掃除は、本人が入浴する場合滑ると危険です。浴室の床に泡の残りや水滴がないよう配慮が必要です。 ＊入院前よりかがみにくくなったので、シャンプー等の置き場所を本人と一緒に確認しましょう。 ＊ホームヘルパーと一緒に浴室・トイレの掃除をしてみてどこに工夫すればできるようになるのか検討してみる。
		掃除（浴室・トイレ掃除）	55 分	
			分	
		合計時間	60 分	

ここまでのポイント!

高田さんは、「近所の〇〇スーパーに行きたい」や「掃除できる箇所を増やすために、だれかと掃除してみたい」と思っているため、単純な掃除や買い物の肩代わりでは訪問介護の役割を果たしているとはいえません。

本書で示したアセスメントの手法や細分化、サ責のお助けシートの活用等をとおして、何が最適なケアの方法なのか探りましょう。

事例 2 麻痺があっても自宅でお風呂に入りたい利用者の事例

基本情報に関する項目（一部情報を省略しています）						
氏名	高野　和夫　様	性別	男性	生年月日	年 4 月 18日　生	87 歳
住所	○○○市	要介護度	2			

家族構成図

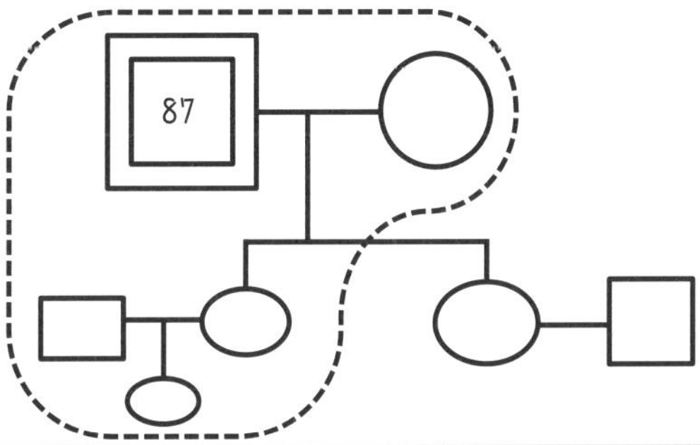

障害高齢者の日常生活自立度	A2
認知症高齢者の日常生活自立度	Ⅰ
服薬状況	血液抗凝固剤
	血圧降下剤
	糖尿病各種
	前立腺肥大症

既往歴／現病歴	糖尿病（視力低下・神経障害・腎機能障害）（60 歳代）
	脳梗塞後遺症（軽度左片麻痺）／高次脳機能障害（77 歳）
	認知症（易怒性あり）／見当識障害（85 歳）
これまでの生活歴	○× 市内に出生。結婚し、2 女をもうける。会社員を経て 33 歳のときに独立。電気屋さんを営む。友人とお酒を楽しんだり、相談事を持ち込まれ頼られるなど社交的。1 年前に転倒により頭部を強打。検査入院中に廃用症候群を併発し、さらに歩行不安定となる。
主訴	「なかなか、思うように足が動かないが自宅で風呂に入りたい」「妻も体が大変だからこれ以上迷惑をかけたくない」
経緯	入院中、同居する娘より退院後の生活を家族だけで支えることは難しいと相談され、訪問介護の依頼があった。脳梗塞後遺症と元々のフレイルもある。リハビリテーションはしているが、歩行障害は残存している。主介護者である奥様もたくさんの疾病を抱えており、介助は難しい。特に、入浴は難しく、週 2 回、ホームヘルパーによる入浴介助の依頼となる。

一日の過ごし方	0	6		12		18		24
		起床 朝食	運動	昼食	入浴	夕食	就寝	

課題分析(アセスメント)に関する項目					
健康状態	糖尿病の悪化により視力の低下、神経障害、腎機能障害あり。フレイルのため歩行障害も出ている。前立腺肥大症の影響もあり、頻尿のため間に合わず失禁も増えている。脳梗塞後遺症のため左片麻痺、認知症の症状も出ている。				
ADL評価	左片麻痺あり。元々、フレイルのため歩行は不安定であったが入院により廃用症候群からますます歩行が不安定となる。高次脳機能障害のため、着脱にも介助が必要な状態。ろれつが回りづらく、言葉が聞き取りにくい。ふらつきが多いことは本人も気にしており、毎日ウォーキングマシーンで歩いている。				
項目	状態	備考	項目	状態	備考
移動手段	歩行	ふらつきあり	社会との交流	自立	
立位	一部介助	ふらつきあり	口腔衛生	自立	
座位	自立		認知症	問題あり	見当識障害あり
排泄	一部介助	尿器使用。後始末は家族	問題行動	問題あり	介護者に対して拒否の言葉が出る
入浴	介助	浴槽のまたぎが介助を要す	褥瘡	なし	
更衣	介助	上衣、介助が必要	麻痺	問題あり	左片麻痺
食事	自立	嚥下障害がみられ、飲み込みやすい食事	拘縮	なし	
視力	やや問題	視力低下	介護力	問題あり	主介護者も多疾病あり
聴力	やや問題	やや難聴	特別な状況	なし	
意思疎通	自立	意思を伝えることはできる	その他	主介護者は要支援2	
言語	問題あり	ろれつが回りづらい			
IADL評価	自分で電話をかけ、話をすることはできる。買ってきてほしいもの、必要なものを伝えることは難しい。家事全般、妻が行う。				
項目	状態	備考	項目	状態	備考
買い物	全介助		服薬管理	全介助	家族が管理
調理	全介助		金銭管理	ほぼ自立	小遣い程度の管理
掃除	全介助		電話の使用	ほぼ自立	電話の使用は可能
洗濯	全介助		住環境	問題なし	福祉用具使用
その他	自分が話したことが伝わらないと、怒りだすことがある。				

居宅サービス計画書(1)(2)

利用者名　高野　和夫　様　　生年月日　年　4　月　15　日生　　（初回）・紹介・継続　　（認定済）・申請中

要介護状態区分	要介護1　・　（要介護2）　・　要介護3　・　要介護4　・　要介護5
利用者及び家族の生活に対する意向	本人：なかなか思うように足が動かないが、自宅で風呂に入りたい。妻も身体が大変だから、これ以上迷惑をかけたくない。 家族：入退院を契機に家族介護が難しくなってきた。転倒しないよう、生活環境を整えたい。 転倒しないよう、リハビリや入浴のお手伝いをしてもらいたい。
総合的な援助の方針	入退院を契機に体調が変わったことで、生活動作や生活習慣も変化し、ご本人・ご家族ともに戸惑うことも多い毎日と思います。定期受診等を継続し、病気が悪化しないよう支援します。福祉用具の活用とリハビリテーションの継続で、転倒しにくい生活環境に整え、自宅での入浴を支援します。
生活援助中心型の算定理由	1．一人暮らし　　2．家族等が障害、疾病等　　3．その他（　　）

生活全般の解決すべき課題（ニーズ）	目標				援助内容			
	長期目標	(期間)	短期目標	(期間)	サービス内容	※1	サービス種別	頻度
低血糖発作が起きないようにしたい。	病気を悪化させずに過ごせる。		食事が摂れ、血糖の数値が安定する。		定期受診（食事・栄養・嚥下等の指導）		主治医・家族	月1
					血糖コントロール（低血糖予防）。食べやすい食事形態での提供	○	家族・管理栄養士	毎日
			むせこみが減る。		嚥下訓練の実施・自分でできる嚥下体操の実施	○	言語聴覚士	週1
お風呂にゆっくりと入りたい。	入りたいときに自宅の湯船にゆったりつかれる。		最低週2回は湯船に入れる。		入浴介助（またぐ際の一部介助・入湯2回）	○	訪問介護	週3回
					更衣動作、浴槽へのまたぎ動作の評価等	○	理学療法士	週1回
					シャワーチェア・浴槽用手すり	○	特定福祉用具販売	毎日
失禁を減らしたい。	失禁が減る。		尿器を使用し、自分で排泄できる。		排泄動作の安定（トイレまでの移動・排泄行為時、立位保持・ふらつき防止）	○	理学療法士	週1
穏やかに過ごしたい。	自分の言葉が相手に伝わる。		声が出やすくなる。		発声や口の体操等実施	○	言語聴覚士	週1

※1　「保険給付の対象となるかどうかの区分」について、保険給付対象内サービスについては○印を付す。

事例2 高野さんのアローチャート

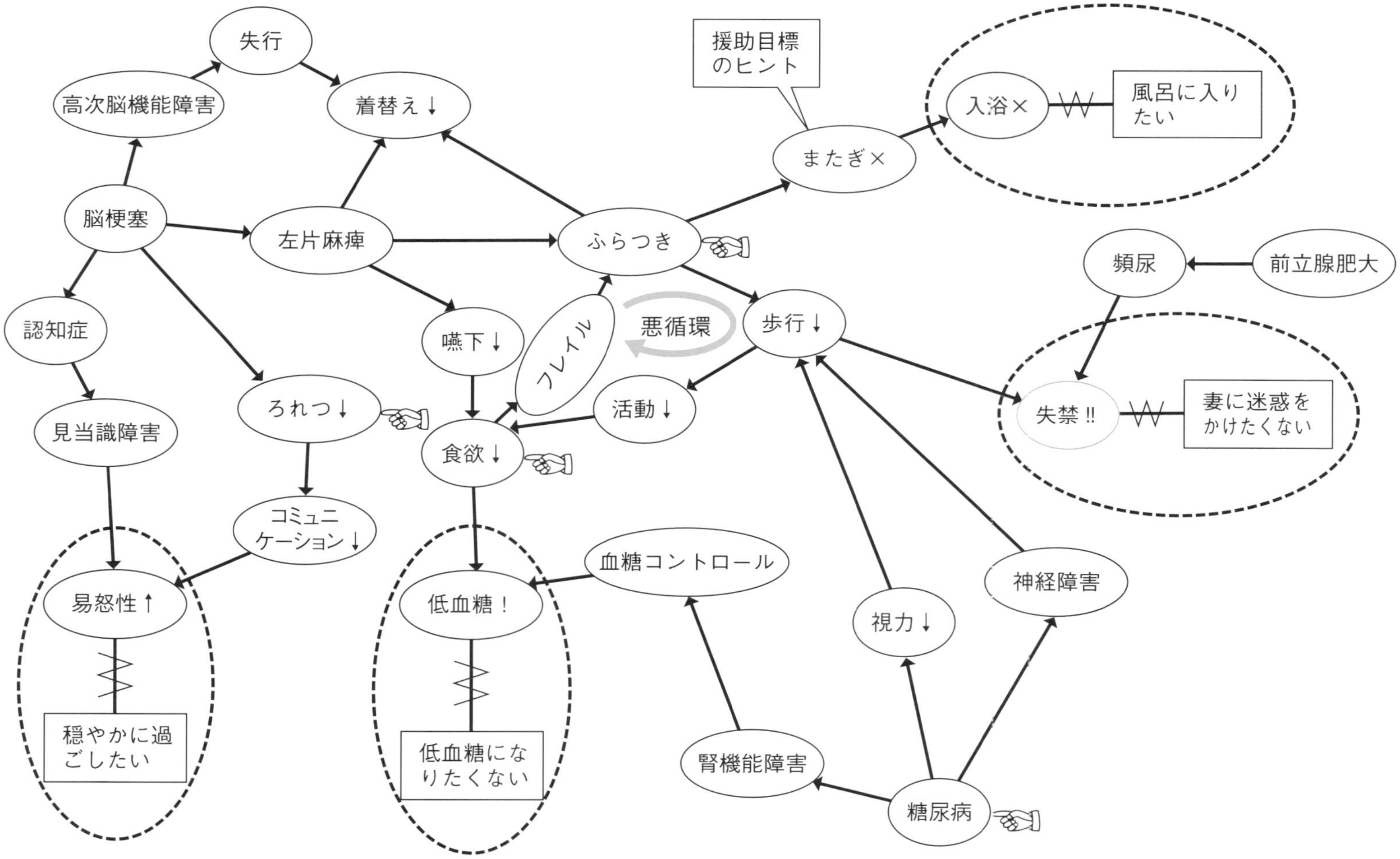

高野さんの全体像を確認する

高野さんは合併症を発症していることから重度の糖尿病、脳梗塞の後遺症により、高次脳機能障害や認知症がありフレイルもあることがわかります。そしてニーズが４つあることがわかります。そのなかで、訪問介護に依頼された困りごとは入浴に対するニーズだけです。

だからといって、入浴の部分だけ訪問介護がみておけばよいわけではありません。入浴ができない原因が、別の困りごとの原因にかかわっていることがあるからです。

高野さんの入浴ができない原因はまたぐことが難しくなったからであり、またげない原因はふらつきがあるからです。

そして、この「ふらつき」は２つの原因から引き起こされています。

まず、１つ目は脳梗塞の後遺症による左片麻痺です。左片麻痺によるふらつきは、理学療法士から浴槽へのまたぎなどの動作評価を行うことで対応しています。

もう１つの原因は「フレイル」です。厚生労働省によると、フレイル予防には、身体活動や社会参加に加え、必要な栄養素をバランスよく摂ることが必要だとされています。高野さんはフレイルにつながる悪循環がみられます。

それらを踏まえ訪問介護計画書のケアの着目点には「入湯２回を続けることができるよう、体力の維持が必要です。普段からの食事にも気を配りましょう」としました。入浴介助にとどまらずに、食欲はでてきたか、活動量は増えたか、ふらつきは減ってきたかなどを確認していきましょう。

サ責のお助けシート	利用者氏名	高野　和夫 様	性別	男・女	要介護2 要支援 事業対象者	年齢

現状と着目したい項目

健康状態	悪性腫瘍	骨粗鬆症	神経障害
	脳卒中	関節疾患	左片麻痺
	高血圧	膝関節症	
	心疾患	圧迫骨折	
	肺疾患	パーキンソン症状	
	腎不全	睡眠障害	
	糖尿病	認知症＊1要確認	高次脳機能障害
コミュニケーション能力	発語	聴力	
	視力	意思疎通	
排尿・排便	便秘	尿道カテーテル	前立腺肥大
	便失禁	ストマ	
	尿失禁		
社会との関わり	近隣交流	外出	
	友人交流	通院	
皮膚の問題	褥瘡	爪	
	痒み		
	浮腫		
口腔状態	口腔衛生	炎症	
	歯	嚥下	
食事摂取	低栄養	脱水	
	栄養バランス	禁止食	
	経管栄養		
居住環境	設備	階段	
	空調	段差	
	衛生面	冷蔵庫内	
特別な状況	ターミナルケア	虐待	
介護力	家族の協力	介護負担	
その他	経済力	喫煙	
	金銭管理	飲酒	
	服薬		

各生活行為を細かく分けて、困難なこと

移動・動作
寝返り
起き上がり
座位
立位
歩行
かがむ
腕が上がる
手指

＊1　中核症状
記憶障害
見当識障害
理解力の低下
判断力の低下
実行機能障害
失認
失行
失語

排泄	便意・尿意	脱衣	排尿	排便	後		
食事	食べ物を確認	道具を持つ（箸／スプーン／フォーク）	口に運ぶ	噛む			
入浴	湯はり	衣類の準備	脱衣	洗体	洗髪	入湯	身体拭
整容	洗面	歯磨き	整髪	髭剃り	化粧	爪切り	耳そ
掃除	居室の掃除（掃除機／ほうき／はたき／モップ／雑巾）	かがむ掃除	キッ の掃				
洗濯	衣類を選別	洗濯機を回す（全自動／二槽式）	取り出す	運ぶ	干す／ハンガー等で干す		
調理	献立考案	食材の確認	切る	加熱（コンロ／IH／レンジ）	火気管理	味	
買い物	買い物リストの作成	買い物先へ移動	店内の移動	商品の選択	会計	袋詰	
その他	歩行						
＊1 BPSD	不安抑うつ	せん妄	妄想	幻覚錯覚	弄便	異食	徘

87歳	身長	151cm	体重	54.8kg	BMI	24.0	アセスメント理由	初回・変更・更新	実施日	年 月 日	評価者	

に〇をつける	現状に関する本人の考え・工夫	サービス提供責任者の評価
始末 着衣	高次脳機能障害があるも、ズボンの上げ下げは時間をかけるとできる。動作が遅く、トイレまで間に合わないため、尿器を使用する場合あり。	歩行がふらつくため、トイレまでの移動が間に合わず、尿器を使用。頻尿であるため、尿意も頻繁である。
飲み込む 飲水	食事はご飯を食べやすいように、握ってもらって食べている。飲み込みが悪く、むせこみも多い。	食事摂取量が少なく、飲み込むときにむせることが多い。食べやすくすると改善できる。
をく 着衣 髪を乾かす	以前からの入浴の仕方を続けたい。浴槽には2回入りたい。シャワーチェアや浴室用手すりを使用し、浴槽をまたぐ。	移動、またぎに介助が必要。入浴全体に介助が必要。判断力、体力の低下もみられるため、状況に応じ入湯時間を短くしたりとなるべく本人のこだわる入湯2回を続ける。
うじ 着替え 上半身 下半身 靴下	なるべく袖の通しやすい服を着るようにしている。	左片麻痺があり着脱には介助が必要。 上手く着脱ができず入浴の機会が減っている。
チン除 浴室の掃除 トイレの掃除 リネン交換 ごみの処理		
取り込む 畳む 収納		
つけ 盛りつけ 食器の出し入れ 配下膳 食器を洗う		
め 品物を持ち帰る 収納 金銭管理		
	歩行のふらつきを気にしており、毎日ウォーキングマシーンを使い、歩いている。	歩行のふらつきが転倒につながっていると本人は考えており、自分でもトレーニングしている。廊下は手すりを使用して歩いている（本人の意欲が見える）。
徊 帰宅願望 暴力暴言 介護拒否 ここに挙げた症状は一例です	見当識障害がみられているが、自分で日記をつけ対策している。耳が遠いため、聞き間違いも多い。	思い込みが激しく、自分の思っていることと違いがあると怒ることがある。

サ責のお助けシートから具体的な困りごとの確認

・入浴の課題の援助目標の設定

高野さんは「入浴」が課題となっています。

まず、「お助けシート」の入浴部分を見ると、入浴全体に介助が必要なことがわかります。

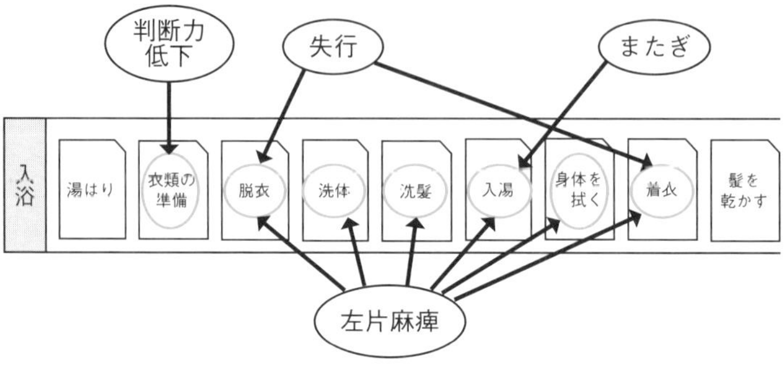

この図のように困りごとを解決するために理学療法士もかかわっていることがわかります。着脱や浴槽をまたぐ動作等の情報を共有し、理学療法士と連携していきましょう。

また、高野さんのこだわりや工夫をみると「以前からの入浴の仕方を続けたい」と記載されています。

「以前からの入浴の仕方」とは「浴槽に２回入る」ことです。援助目標を達成するための留意事項として「歩行・浴槽のまたぎができ、浴槽に２回入る」としました。

・認知症の症状に対しての留意

認知症の中核症状は「記憶障害」「見当識障害」の他に「判断力の低下」があります。

サービス提供責任者の評価には、「判断力、体力の低下もみられるため、状況に応じ入湯時間を短めにし、対応する」となっています。

本人は２回の入湯を希望していますが、判断力や体力が低下している中で常に２回入湯することが望ましいとは言えない場合があるのです。そのため、サービス提供責任者として上記のような判断をしました。

それらを踏まえ、ケアの着目点に「判断力、体力の低下もみられます。入湯2回のため体調に留意し、状況に応じて対応します」と記載し注意を促します。

訪 問 介 護 計 画 書　　　　新規・更新・見直し・変更（　　）

ふりがな 利用者氏名	高野《たかの》　和夫《かずお》　様　㊚・女	生年月日	大正・昭和 年　4　月　15　日	
住　所		電　話	（　　）	
有効期間	年　8　月　1　日〜　年　7　月31　日	事業対象者	要支援 1・2	要介護 1・②・3・4・5
計画作成者		作成年月日	年　月　日	

【目標・期間】

本人及び家族の希望	なかなか、思うように足が動かないが自宅でお風呂に入りたい。		
援助目標	週２回、湯船に入れる。	留意事項	歩行・浴槽のまたぎができ、浴槽に２回入る。

【援助内容】

No.	派遣曜日	派遣時間		
	㊊・火・㊌・木・㊎・土・日	15：00 〜 16：00	：　〜　：	
	月・火・水・木・金・土・日	：　〜　：	：　〜　：	

No.	サービス区分	サービス内容	所要時間	ケア時の着目点
1	身体介護	サービス準備・様子観察・記録等	5 分	＊判断力、体力の低下も見られます。入湯２回のため体調に留意し、状況に応じて対応します。 ＊入湯２回を続けることができるよう、体力の維持が必要です。普段からの食事にも気を配りましょう。 ＊高野さんはお風呂がお好きです。お風呂にまつわる話等、うかがってみましょう。
		バイタルチェック（血圧・体温測定）	10 分	
		入浴介助（またぐ際の足上げ等一部介助・更衣介助（一部介助）・入湯２回）	45 分	
		合計時間	60 分	

No.	派遣曜日		派遣時間	
	月・火・水・木・金・土・日		：　〜　：	：　〜　：
No.	**サービス区分**	**サービス内容**	**所要時間**	**ケア時の着目点**
2			分	
		合計時間	分	

ここまでのポイント！

サービス提供責任者は、依頼されたケアに関する情報をみているだけでは利用者のこだわりを尊重することはできません。高野さんの場合、２回入湯したいという希望をかなえるためには、普段の生活から体力の維持にも配慮が必要なことがわかりました。

したがって、ホームヘルパーへの依頼は入浴の支援でしたが、それだけではなく、普段の暮らしぶりを知り、それを踏まえた計画書作成をする必要があります。

事例3 認知症の夫とともに自宅で生活していきたい利用者の事例

▶妻の基本情報

<table>
<tr><td colspan="8">基本情報に関する項目（一部情報を省略しています）</td></tr>
<tr><td>氏名</td><td>早坂　博子　　様</td><td>性別</td><td>女性</td><td>生年月日</td><td colspan="2">年 11 月 26 日　生</td><td>76 歳</td></tr>
<tr><td>住所</td><td>○○○市</td><td>要介護度</td><td>2</td><td colspan="4"></td></tr>
<tr><td colspan="4" rowspan="6">家族構成図
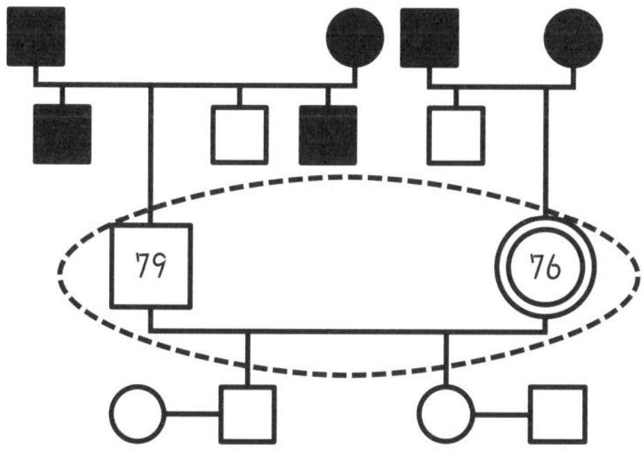
</td><td colspan="3">障害高齢者の日常生活自立度</td><td>J2</td></tr>
<tr><td colspan="3">認知症高齢者の日常生活自立度</td><td>自立</td></tr>
<tr><td rowspan="4">服薬状況</td><td colspan="3">抗血小板薬</td></tr>
<tr><td colspan="3"></td></tr>
<tr><td colspan="3"></td></tr>
<tr><td colspan="3"></td></tr>
<tr><td rowspan="4">既往歴／現病歴</td><td colspan="7">肺炎（76 歳）</td></tr>
<tr><td colspan="7">狭心症（50 代）</td></tr>
<tr><td colspan="7"></td></tr>
<tr><td colspan="7"></td></tr>
<tr><td>これまでの生活歴</td><td colspan="7">市内で出生。20 歳で結婚し 1 男、1 女に恵まれる。夫が定年退職してから、2 人でよく旅行を楽しんでいた。現在は夫と 2 人暮らし。50 代の頃、狭心症を発症。夫は 75 歳の頃から認知症を発症し本人が介護していた。信頼していた夫の認知症は心身に負担が大きく、だんだん食欲低下となっていった。昨年、肺炎で入院となり自分と夫の介護保険の申請を依頼した。体重減少にともない、栄養補助食品の活用を勧められており本人も栄養バランスを気にしている。</td></tr>
<tr><td>主訴</td><td colspan="7">「また夫と昔行った植物園に行きたい」「バランスのよい食事がしたい」「もう少し体力をつけて、夫の介護を続けたい」「夫の好物の魚の煮つけくらいは自分でつくれるようになりたい」「生活に必要なものをそろえたい」</td></tr>
<tr><td>経緯</td><td colspan="7">50 代に狭心症発症、労作性狭心症であるため、もともと運動量は少なかった。夫の認知症の発症を気に病み食事量が減り、体重減少し歩行にふらつきがみられるようになった。夫を 1 人で介護をしてきた。夫の認知症はまだ、軽いほうらしいが理解力の低下等にもどかしさを感じ悩むことも多くなったという。肺炎で入院中は寝ていることが多く、歩くことも少なかった。そのため、自分の体力と動きに大変不安を感じ入院中に夫と自分の介護保険の申請に至る。</td></tr>
<tr><td>一日の過ごし方</td><td colspan="7">0　　6　　12　　18　　24
起床　朝食　洗濯　昼食　昼寝　夕食　就寝</td></tr>
</table>

<table>
<tr><th colspan="6">課題分析(アセスメント)に関する項目</th></tr>
<tr><td>健康
状態</td><td colspan="5">入院前から、首、肩の痛みがあり夜間眠れないと話されている。歩行時、ふらつきも多く横になって過ごすことが多くなった。活動量も低下している。</td></tr>
<tr><td>ADL
評価</td><td colspan="5">歩行時、ふらつきが多く不安定。立位を保つことは可能（なるべく短時間）。重いものをもつ行為は困難である。</td></tr>
<tr><th>項目</th><th>状態</th><th>備考</th><th>項目</th><th>状態</th><th>備考</th></tr>
<tr><td>移動手段</td><td>自立</td><td>ふらつき多い</td><td>社会との交流</td><td>なし</td><td>夫の病気発症とともに減少</td></tr>
<tr><td>立位</td><td>自立</td><td>短時間可能</td><td>口腔衛生</td><td>問題なし</td><td>自歯</td></tr>
<tr><td>座位</td><td>自立</td><td>問題なし</td><td>認知症</td><td>自立</td><td>問題なし</td></tr>
<tr><td>排泄</td><td>自立</td><td>問題なし</td><td>問題行動</td><td>なし</td><td>問題なし</td></tr>
<tr><td>入浴</td><td>自立</td><td>週に２～３回</td><td>褥瘡</td><td>なし</td><td>問題なし</td></tr>
<tr><td>更衣</td><td>自立</td><td>時間を要す</td><td>麻痺</td><td>なし</td><td>問題なし</td></tr>
<tr><td>食事</td><td>自立</td><td>問題なし</td><td>拘縮</td><td>なし</td><td>問題なし</td></tr>
<tr><td>視力</td><td>自立</td><td>問題なし（眼鏡使用）</td><td>介護力</td><td></td><td>夫を介護</td></tr>
<tr><td>聴力</td><td>左耳</td><td>難聴（左耳に補聴器）</td><td>特別な状況</td><td></td><td></td></tr>
<tr><td>意思疎通</td><td>可能</td><td>問題なし</td><td rowspan="2">その他</td><td rowspan="2" colspan="2"></td></tr>
<tr><td>言語</td><td>自立</td><td>問題なし</td></tr>
<tr><td>IADL
評価</td><td colspan="5">買い物リストの作成はできるが、長時間の歩行は難しい。</td></tr>
<tr><th>項目</th><th>状態</th><th>備考</th><th>項目</th><th>状態</th><th>備考</th></tr>
<tr><td>買い物</td><td>一部介助</td><td>買い物リストの作成</td><td>服薬管理</td><td>自立</td><td>問題なし</td></tr>
<tr><td>調理</td><td>一部介助</td><td>長時間の立位保持困難</td><td>金銭管理</td><td>自立</td><td>問題なし</td></tr>
<tr><td>掃除</td><td>自立</td><td>時間を要すが工夫すればできる</td><td>電話の使用</td><td>自立</td><td>問題なし</td></tr>
<tr><td>洗濯</td><td>自立</td><td>夫婦２人分なら、負担にならず行える</td><td>住環境</td><td>問題なし</td><td>問題なし</td></tr>
<tr><td>その他</td><td colspan="5">公共交通機関が乏しく、移動が難しい。夫は認知症発症後に免許証を返納した。</td></tr>
</table>

居宅サービス計画書(1)(2)

利用者名　早坂　博子　様　　生年月日　年 11 月 26 日生

初回 紹介・継続　　認定済 申請中

要介護状態区分	要介護1 ・ 要介護2 ・ 要介護3 ・ 要介護4 ・ 要介護5
利用者及び家族の生活に対する意向	本人：退院してから、身の回りでできないことが増えてきて、このまま生活していけるか不安になりました。 このまま夫と自宅で暮らしていきたい。食事、栄養バランスに気をつけ体力をつけたい。また夫と植物園にでかけたい。 家族：自分の病気のことで妻に負担をかけている。入院したときは、何をどうしてよいのかわからなかった。 なるべく、妻に負担をかけないように生活していきたい。
総合的な援助の方針	ご本人の病状に応じた適切な援助が得られるよう支援いたします。体力の向上を目指し、バランスのよい食事ができるようケアを行っていきます。少しずつできることが増えていくよう支援させていただきます。
生活援助中心型の算定理由	1．一人暮らし　2．家族等が障害、疾病等　3．その他（　）

生活全般の解決すべき課題（ニーズ）	目標：長期目標	(期間)	目標：短期目標	(期間)	援助内容：サービス内容	※1	サービス種別	頻度
夫と一緒に出かけ、楽しみたい。	夫と昔行った植物園まで行ける。		病気の悪化を防げる。		定期受診・栄養指導		主治医・管理栄養士	月1回
			50m 先のコンビニエンスストアまで行ける。		歩行訓練・運動機能評価	○	理学療法士（訪問リハビリテーション）	週2回
バランスのよい食事がしたい。	なるべく自分で調理ができる。		自宅台所で立っていられる。		10 分立っていることができる。	○	理学療法士（訪問リハビリテーション）	週2回
			夫の好物の魚の煮つけをつくれるようになる。		理学療法士と連携し、助言。栄養指導に基づいた自立支援の調理(共に行う調理・補助)	○	訪問介護	週3回
生活に必要なものをそろえたい。	夫と一緒に○○店まで買い物に行ける。		自宅周囲（約500m）の散歩ができる。		歩行訓練・立位保持・評価・訓練	○	理学療法士（訪問リハビリテーション）	週2回
			使い慣れた調味料や雑貨をそろえられる。		買い物リストの作成・買い物品の確認・収納		本人・夫	適時
					日用品の買い物代行	○	訪問介護	週1回

※1 「保険給付の対象となるかどうかの区分」について、保険給付対象内サービスについては○印を付す。

事例3 早坂さん（妻）のアローチャート

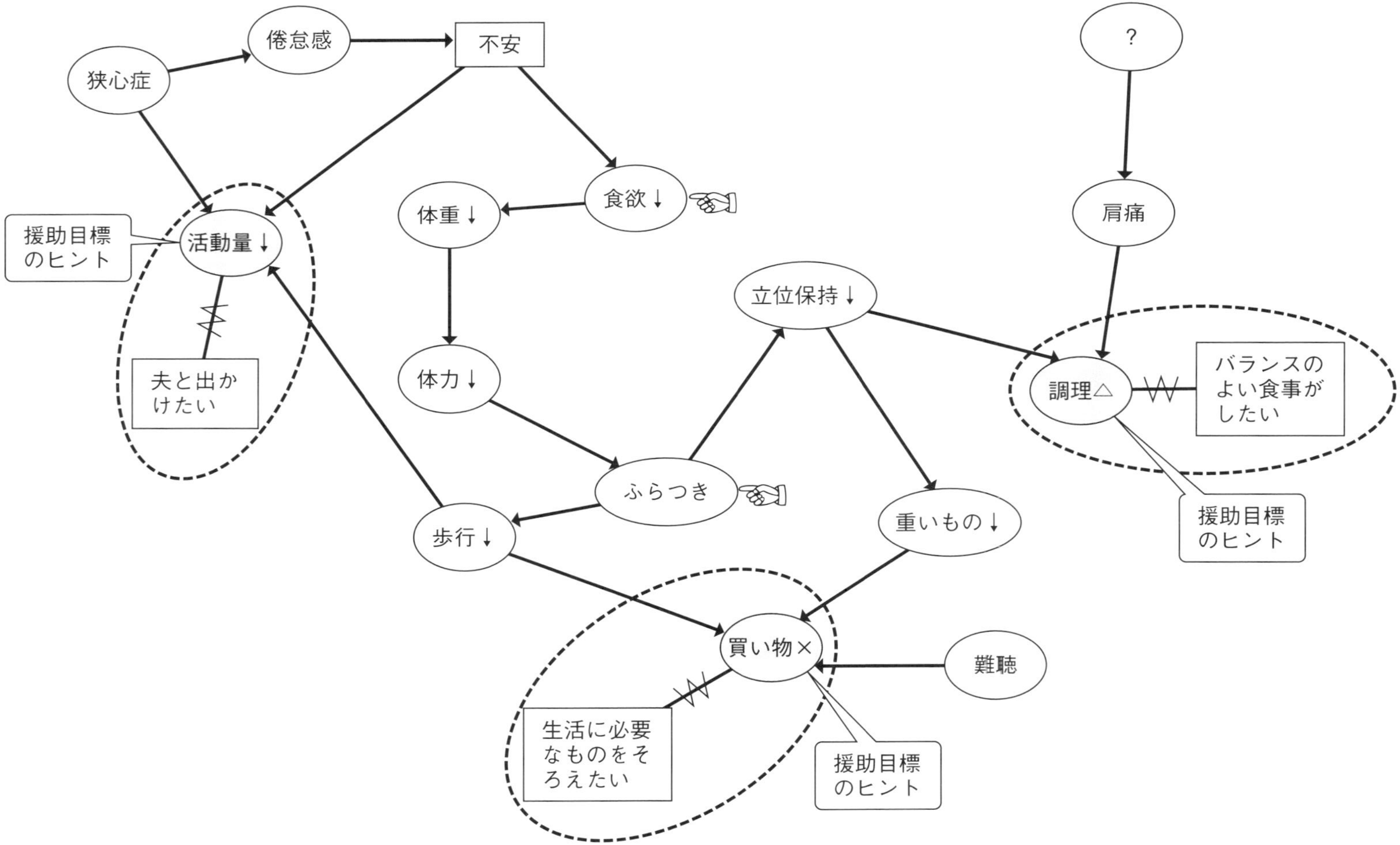

博子さんの全体像の確認

これは夫婦ともに介護が必要な状態ですが、介護者でもある博子さんは夫を支えて一緒に暮らしていきたいと思っています。

妻の博子さんの身体状況では、認知症の夫との２人暮らしを続けるのは難しそうという感想を抱く人もいるかもしれません。しかし、単なる印象でできる・できないを決める前に、まずは利用者の希望をはばむ原因をつきとめ、それに対してどうアプローチをすればよいのかを考えましょう。

総合的な援助の方針やアローチャートから、ケアマネジャーは博子さんの体力面に課題があるとみているようです。

アローチャートからは、博子さんの困りごとが「買い物×」「活動量↓」「調理△」であることがわかります。

「活動量↓」の原因と「買い物×」の原因は「ふらつき」からくる「歩行↓」だとわかります。また、「ふらつき」は「立位保持↓」を招き、「調理△」の原因にもなっています。つまり、この**「ふらつき」がそれぞれの困りごとの原因になっている**のです。

そして**「ふらつき」は「食欲↓」**が原因だということがわかります。これらのことから、博子さんの困りごとの解決には、**食生活の改善**がポイントになります。

たとえば調理は、ただホームヘルパーが代行するのではなく、管理栄養士の栄養指導に基づいて博子さんの調理補助・助言をする、自分で調理ができるようになるために理学療法士と連携し動作を確認する、疲れたら準備したいすに座ってもらい、適宜休んでもらうなどが考えられます。

サ責のお助けシート	利用者氏名	早坂　博子 様	性別	男・女	要介護2 要支援 事業対象者	年齢

現状と着目したい項目

健康状態	悪性腫瘍	骨粗鬆症	
	脳卒中	関節疾患	肩痛
	高血圧	膝関節症	
	心疾患	圧迫骨折	
	肺疾患	パーキンソン症状	
	腎不全	睡眠障害	
	糖尿病	認知症＊1要確認	
コミュニケーション能力	発語	聴力	
	視力	意思疎通	
排尿・排便	便秘	尿道カテーテル	
	便失禁	ストマ	
	尿失禁		
社会との関わり	近隣交流	外出	
	友人交流	通院	
皮膚の問題	褥瘡	爪	
	痒み		
	浮腫		
口腔状態	口腔衛生	炎症	
	歯	嚥下	
食事摂取	低栄養	脱水	
	栄養バランス	禁止食	
	経管栄養		
居住環境	設備	階段	
	空調	段差	
	衛生面	冷蔵庫内	
特別な状況	ターミナルケア	虐待	
介護力	家族の協力	介護負担	
その他	経済力	喫煙	
	金銭管理	飲酒	
	服薬		

移動・動作
寝返り
起き上がり
座位
立位
歩行
かがむ
腕が上がる
手指
＊1　中核症状
記憶障害
見当識障害
理解力の低下
判断力の低下
実行機能障害
失認
失行
失語

各生活行為を細かく分けて、困難なこと

排泄	便意・尿意	脱衣	排尿	排便	後		
食事	食べ物を確認	道具を持つ（箸／スプーン／フォーク）	口に運ぶ	噛む			
入浴	湯はり	衣類の準備	脱衣	洗体	洗髪	入湯	身体拭
整容	洗面	歯磨き	整髪	髭剃り	化粧	爪切り	耳そ
掃除	居室の掃除（掃除機／ほうき／はたき／モップ／雑巾）	かがむ掃除	キッ の掃				
洗濯	衣類を選別	洗濯機を回す（全自動／二槽式）	取り出す	運ぶ	干す／ハンガー等で干す		
調理	献立考案	食材の確認	切る	加熱（コンロ／IH／レンジ）	火気管理	味	
買い物	買い物リストの作成	買い物先へ移動	店内の移動	商品の選択	会計	袋詰	
その他							
＊1 BPSD	不安抑うつ	せん妄	妄想	幻覚錯覚	弄便	異食	徘

76歳	身長 150cm	体重 42kg	BMI 18.0	アセスメント理由 初回（〇）・変更・更新	実施日 年 月 日	評価者

に〇をつける	現状に関する本人の考え・工夫	サービス提供責任者の評価
始末 / 着衣		
飲み込む / 飲水		
をく / 着衣 / 髪を乾かす	浴槽に入らずシャワーにしている。	体力の低下もあり、入浴は毎日はしていない。体調のよいときに行っている。湯船には入らず、シャワー浴のみ。入浴は大体週2、3回。
うじ / 着替え（上半身 / 下半身 / 靴下）	左耳に補聴器を使用している。コミュニケーションは問題なく行えている。	大きな声で話しかければ聞こえている。聞こォないときは、自分から聞き返している。
チン除 / 浴室の掃除 / トイレの掃除 / リネン交換 / ごみの処理	紙モップ等を使用し、掃除している。力仕事は夫にお願いしている。できないときもあるが、今はできることのほうが多い。	重いものをもつことはできないが、時間はかかるが工夫しながら掃除できている。できない部分は、夫に手伝ってもらう。
取り込む / 畳む / 収納	全自動洗濯機で対応。	
つけ（〇） / 盛りつけ / 食器の出し入れ（〇） / 配下膳（〇） / 食器を洗う（〇）	労作性狭心症や肩、首に痛みがあり鍋をもつ、もって動くことができない。長い時間立っていることも難しい。	長時間の立位保持が難しく、立って調理は難しい。調理に対するこだわりを尊重し、一緒に調理をする（いすを準備し当面は疲れたらいすに座りながらといった工夫をする）。葉物を切ることは可能だが、硬い食材は切ることはできない。
め（〇） / 品物を持ち帰る（〇） / 収納（〇） / 金銭管理	現在は近所の〇〇店に行くこともできないが、いずれは夫と一緒に買い物に行きたいと思っている。	本人の調味料に対するこだわりがある。調味料のメーカー等、細かくリストアップしてもらう。本人も、そのこだわりをよくわかっており、できれば自分で買い物したいという意向が強い。
徊 / 帰宅願望 / 暴力暴言 / 介護拒否		

ここに挙げた症状は一例です

サ責のお助けシートから具体的な困りごとの確認

・調理の困りごとについて

博子さんはいずれは夫のために自分で料理がしたいと思っています。できることを増やしていくためには現状を具体的に把握しておかなければなりません。そのうえで、博子さんのできない部分を把握し、理学療法士と連携しながら自立支援の視点でケアするようにしましょう。

調理では、「切る」「炒める」「味つけ」等ができないことがわかります。また、食器の出し入れや配下膳など、ものをもったり運んだりすることができません。

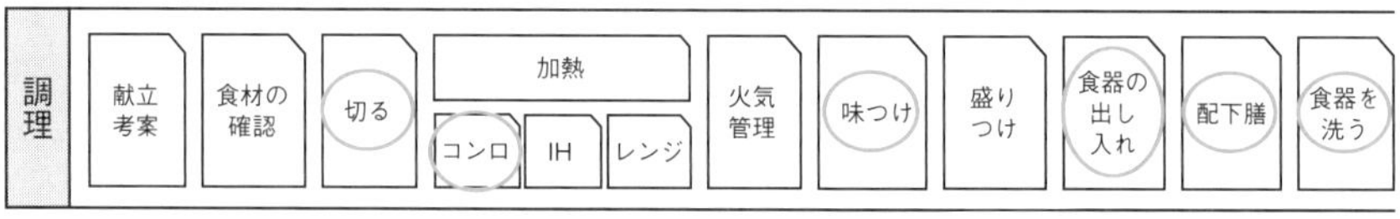

本人の考え・工夫をみてみると長時間の立位は難しいと記載されていますが、いすに座れば台所で一緒に調理をすることは可能です。すると、ものをもったり運んだりする際はホームヘルパーが手伝い、立位保持が難しくなった段階でいすに座って休んでもらうなどの支援方法がみえてきます。

その他、身体の動きだけでなく栄養指導に基づいた体力維持のためにバランスのよい食事の助言も大切です。

・買い物の困りごとについて

買い物も、長時間の立位が要求される行為や、ものをもち歩く行為に困難があります。原因が同じなのですから当然ですね。

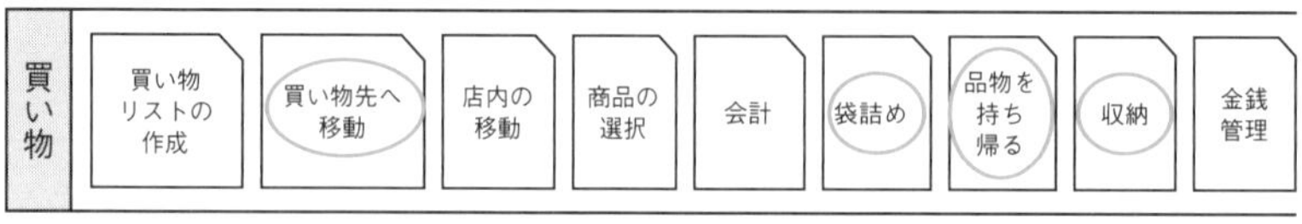

これに加え「本人の考え・工夫」欄からは、博子さんは「現在は近所の〇〇店に行くこともできないが、いずれは夫と一緒に買い物に行きたいと思っている」と考えていることがわかります。

サービス提供責任者の評価には博子さんの買い物に対するこだわりが細かく記載されています。具体的には、調味料や食材を選ぶ際、食品のメーカー等にこだわりをもっていることがわかります。

暮らしぶりにかかわるこだわりを会話のなかに取り入れ、博子さんの暮らしや夫に対する想いを聞いてみましょう。そのなかに、博子さんの価値観や考えなどを知るヒントがあるかもしれません。そのうえで買い物を行えば博子さんの望む生活に近づいた品物をそろえることができるでしょう。

・支援対象にならない家族への考え方

博子さんは夫婦２人暮らしで、夫の満さんも要介護１です。

博子さんには「夫の介護を続けたい」との想いがあり、満さんには「まだ他人の世話になりたくない」という想いがあります。現在、満さんは介護保険サービスを利用していません。そのため、夫婦で暮らしているからといって、介護保険法上、博子さんのケア時に満さんのことはできません。この場合、どう考えればよいでしょうか。まず、満さんは何がどこまでできるのか、家族のアセスメントも行い状況を把握しておきましょう。困り具合によっては何か社会資源を利用する必要があるかもしれません。大切なことは、ホームヘルパーが家族の役割を奪うことのないよう、支援者としての役割を明確にして家族の経過を観察することです。

いずれ介護保険サービスが必要になった場合には、ケアマネジャーに、アセスメントしておいた満さん（家族）の生活状況を伝えられるとよいでしょう。

次の頁から夫の満さんの情報をまとめました。博子さんの訪問介護計画書をみる前に確認してください。

▶夫の基本情報

基本情報に関する項目(一部情報を省略しています)						
氏名	早坂　満　様	性別	男性	生年月日	年 12 月 21 日　生	79 歳
住所	○○○市	要介護度	1			

家族構成図

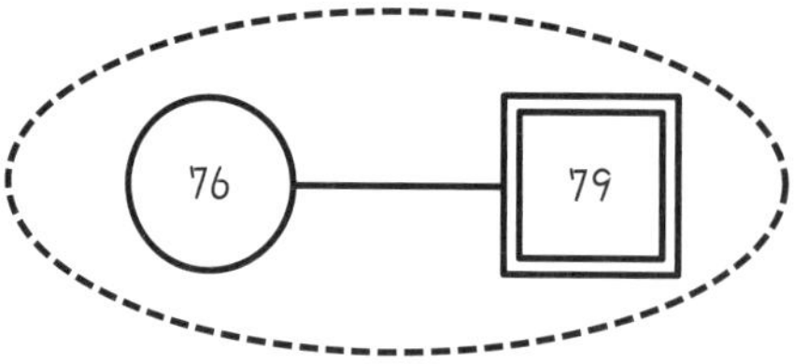

障害高齢者の日常生活自立度	J1
認知症高齢者の日常生活自立度	Ⅱa
服薬状況	血液抗凝固剤
	認知症薬

既往歴／現病歴	アルツハイマー型認知症
	心筋梗塞 /20 年前
	高血圧
これまでの生活歴	関東出身。大学を出て就職。入社当時は本社勤務だったが、1 年後に東北地方に異動。異動先の職場で妻と出会い結婚。1 男 1 女に恵まれる。60 歳で定年退職される。退職後は妻と旅行をしたりと楽しまれていた。
主訴	「これ以上、病気が酷くならないようにしたい」「妻に負担をかけたくない」「いつまでも妻と一緒に暮らしていきたい。そのためには、なんでも手伝いたい」「まだ他人の世話にはなりたくない」「掃除機くらいは自分で使い続けるようにしたい」
経緯	70 歳のときに心筋梗塞を患い定期的に病院を受診するようになった。その頃から、物忘れが目立つようになり 75 歳のときに検査を受け、アルツハイマー型認知症と診断された。認知症はゆるやかに進行している状態。妻が肺炎で入院することになり、1 人では日常生活に支障が出るため要介護認定の申請を依頼した。料理したものがあれば、電子レンジで温めて食べることはできる。妻も体が強い方ではなく、当時は精神的に大きなショックもあったと話す。

一日の過ごし方

0	6	12	18	24
	起床　朝食	昼食　昼寝	夕食	就寝

課題分析(アセスメント)に関する項目	
健康状態	高血圧や心筋梗塞は服薬をしていれば落ち着いている。服薬の管理は妻が行っている。
ADL評価	日常動作は行えているが、時々買い物の仕方や何をするのかがわからなくなることがある。

項目	状態	備考	項目	状態	備考
移動手段	歩行		社会との交流	ほぼなし	あまり外にでなくなった
立位	自立	問題なし	口腔衛生	忘れることあり	時々動作を忘れる
座位	自立	問題なし	認知症	Ⅱa	時々行動を忘れることあり
排泄	自立	ほぼ自立	問題行動	なし	特になし

入浴	自立	言葉かけにて入浴	褥瘡	なし	問題なし
更衣	自立	ほぼ自立	麻痺	なし	問題なし
食事	自立	問題なし	拘縮	なし	問題なし
視力	自立	眼鏡使用	介護力	介助	主介護者の体調不良
聴力	自立	問題なし	特別な状況	なし	特になし
意思疎通	ほぼ自立	時々、理解できていないことがある	その他	妻の入院中は不安のため、落ち着きがなく食事をとらなくなる	
言語	自立	問題なし			
IADL評価	買い物は近所に住む娘が行っている。食事は準備してあれば、自分で食べることはできる。娘も、夫の親の介護があり、あまり頼ることはできない。				
項目	状態	備考	項目	状態	備考
買い物	一部介助	会計ができない	服薬管理	一部介助	与えられた薬は飲むことができる
調理	一部介助	言葉で誘導してもらえたらできる	金銭管理	一部介助	会計等は１人では難しい
掃除	一部介助	掃除機は使用できる	電話の使用	一部介助	番号を押してもらえばできる
洗濯	一部介助	洗濯、干すは指示されればできる	住環境	問題なし	段差はあるが、問題はない
その他	家事は妻に任せているので、自分でできることは少ないが、妻からお願いされる力仕事は快く引き受けてくれる。免許証は返納している。				

事例3 早坂さん（夫）のアローチャート

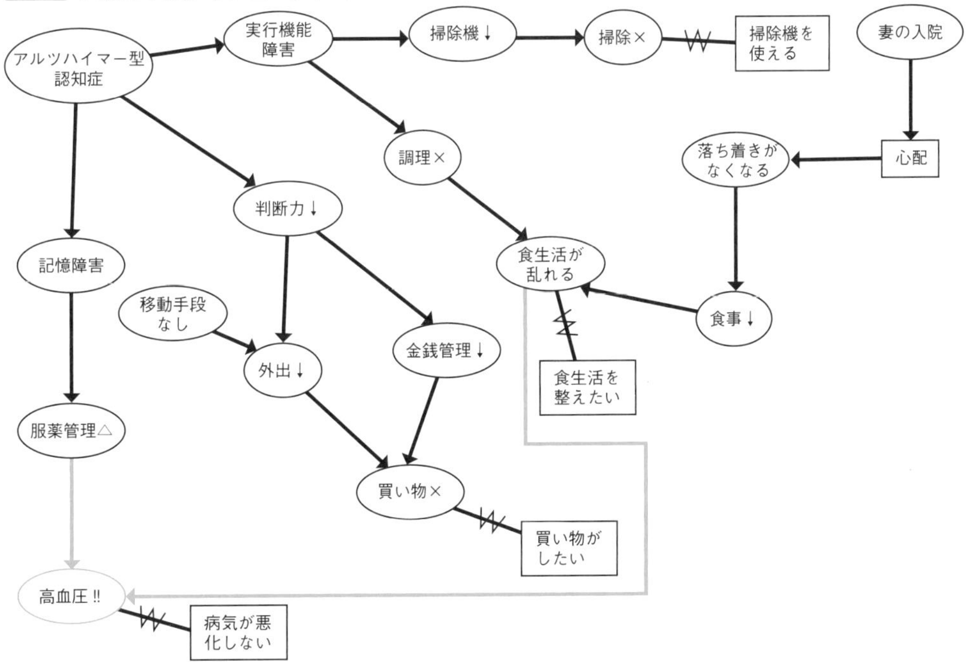

サ責のお助けシート	利用者氏名	早坂　満　様	性別	男・女	要介護1　要支援	事業対象者	年齢

現状と着目したい項目

健康状態	悪性腫瘍	骨粗鬆症	
	脳卒中	関節疾患	
	高血圧	膝関節症	
	心疾患	圧迫骨折	
	肺疾患	パーキンソン症状	
	腎不全	睡眠障害	
	糖尿病	認知症＊1要確認	
コミュニケーション能力	発語	聴力	
	視力	意思疎通	
排尿・排便	便秘	尿道カテーテル	
	便失禁	ストマ	
	尿失禁		
社会との関わり	近隣交流	外出	
	友人交流	通院	
皮膚の問題	褥瘡	爪	
	痒み		
	浮腫		
口腔状態	口腔衛生	炎症	
	歯	嚥下	
食事摂取	低栄養	脱水	
	栄養バランス	禁止食	
	経管栄養		
居住環境	設備	階段	
	空調	段差	
	衛生面	冷蔵庫内	
特別な状況	ターミナルケア	虐待	
介護力	家族の協力	介護負担	
その他	経済力	喫煙	
	金銭管理	飲酒	
	服薬		

移動・動作
寝返り
起き上がり
座位
立位
歩行
かがむ
腕が上がる
手指
＊1　中核症状
記憶障害
見当識障害
理解力の低下
判断力の低下
実行機能障害
失認
失行
失語

各生活行為を細かく分けて、困難なこと

排泄	便意・尿意	脱衣	排尿	排便	後		
食事	食べ物を確認	道具を持つ（箸／スプーン／フォーク）	口に運ぶ	噛む			
入浴	湯はり	衣類の準備	脱衣	洗体	洗髪	入湯	身体拭
整容	洗面	歯磨き	整髪	髭剃り	化粧	爪切り	耳そ
掃除	居室の掃除（掃除機／ほうき／はたき／モップ）	雑巾	かがむ掃除	キッ の掃			
洗濯	衣類を選別	洗濯機を回す（全自動／二槽式）	取り出す	運ぶ	干す	ハンガー等で干す	
調理	献立考案	食材の確認	切る	加熱（コンロ／IH／レンジ）	火気管理	味	
買い物	買い物リストの作成	買い物先へ移動	店内の移動	商品の選択	会計	袋詰	
その他							
＊1 BPSD	不安抑うつ	せん妄	妄想	幻覚錯覚	弄便	異食	徘

79歳	身長 175cm	体重 65kg	BMI 21.2	アセスメント理由 初回・変更・更新	実施日 年 月 日	評価者

に○をつける	現状に関する本人の考え・工夫	サービス提供責任者の評価
始末 / 着衣		
飲み込む / 飲水		
をく / 着衣 / 髪を乾かす		
うじ / 着替え（上半身 / 下半身 / 靴下）		
チン除 / 浴室の掃除 / トイレの掃除 / リネン交換 / ごみの処理	掃除は妻の指示があればできる。重いものをもつ、掃除機をかけるくらいはできる。	何事も言えば、そのようにやってもらえる。掃除機の使い方がわからなくなることもあるが、説明されればできる。
取り込む / 畳む / 収納	衣類の選別や、洗剤を使い分けることは難しい様子。干す、取り込むは言われたらできる。	かごを2つ置いて、分けるように言っても混乱したことがあった。役割分担することで、なんとか2人でできている。
つけ / 盛りつけ / 食器の出し入れ / 配下膳 / 食器を洗う		炒めることはできるが、味つけは難しい。準備や片付けも一緒にやればできる。
め / 品物を持ち帰る / 収納 / 金銭管理	買い物に行くことはできるが、何を買えばよいのかわからない。会計も難しい。買い物品をもって帰ることはできる。	重いものをもつ、かごをもつ、買い物品を言われたところにしまうことはできる。
徊 / 帰宅願望 / 暴力暴言 / 介護拒否 ここに挙げた症状は一例です	妻が入院や外出でいなくなると不安になる。	妻が不在になると、落ち着きがなく部屋のなかを行ったり来たりしている。食事がとれなくなる。

訪問介護計画書

(新規)・更新・見直し・変更（　　）

ふりがな 利用者氏名	早坂《はやさか》 博子《ひろこ》 様 男・(女)	生年月日	大正 (昭和) 年 11 月 26 日
住所		電話	（　　）
有効期間	年 8 月 1 日～ 年 7 月31 日	事業対象者	要支援 1・2 / 要介護 1・(2)・3・4・5
計画作成者		作成年月日	年 月 日

【目標・期間】

本人及び家族の希望	食事・栄養バランスに気をつけて、できることを増やしていきたい。		
援助目標	夫の好物の魚の煮つけをつくれるようになる。 使い慣れた調味料や雑貨を揃えられる。	留意事項	立位保持の状態に合わせてイスに座るよう助言。 買い物リストは、メーカーまで記載して、本人が作成。

【援助内容】

No.					
	派遣曜日	(月)・火・(水)・木・金・(土)・日	派遣時間	11：00 ～ 12：00	：～：
	派遣曜日	月・火・水・木・金・土・日	派遣時間	：～：	：～：
1	サービス区分	サービス内容		所要時間	ケア時の着目点
	身体介護	サービス準備・様子観察・記録等		5 分	*「魚の煮つけくらいは自分でつくれるようになりたい」という気持ちがあります。 *当日の献立や材料は、本人もしくは夫が準備しています。調理の際、硬さや味の確認をしてもらいます。 *ずっと立っていることはできません。いすを準備し疲れたら適宜休んでもらいます。
		共に行う調理		55 分	
				分	
	合計時間			60 分	

No.					
	派遣曜日	月・火・水・木・(金)・土・日	派遣時間	10：00 ～ 11：00	：～：
	派遣曜日	月・火・水・木・金・土・日	派遣時間	：～：	：～：
2	サービス区分	サービス内容		所要時間	ケア時の着目点
	生活援助	サービス準備・様子観察・記録等		5 分	*調味料や食材にこだわりがあります。調味料のメーカーまで確認しましょう。 *買ってきたものが間違いないか、本人と確認します。 *調味料や好きな食材のこだわり等お話をうかがってみましょう。
		買い物代行（買い物リストは本人が作成）		45 分	
		買い物品の確認		10 分	
	合計時間			60 分	

ここまでのポイント！

博子さんは、もともと体力がないところに夫の介護生活が重なりました。博子さんはいずれは、自分で調理がしたいと思っています。そのため、ホームヘルパーは共に行う調理を身体介護としてサービス内容に組み込みました。

「できることを増やしていく」ことで、博子さんが夫と暮らしていくことに自信がもてるよう支援していきます。また、ホームヘルパーは夫のできることを奪わないようにしっかりアセスメントしましょう。

事例 4 呼吸苦を抱えながらも家事がしたい利用者の事例

基本情報に関する項目(一部情報を省略しています)

氏名	平井 隆史 様	性別	男性	生年月日	年 7 月 31 日 生	66 歳	
住所	○○○市	要介護度	1				

家族構成図

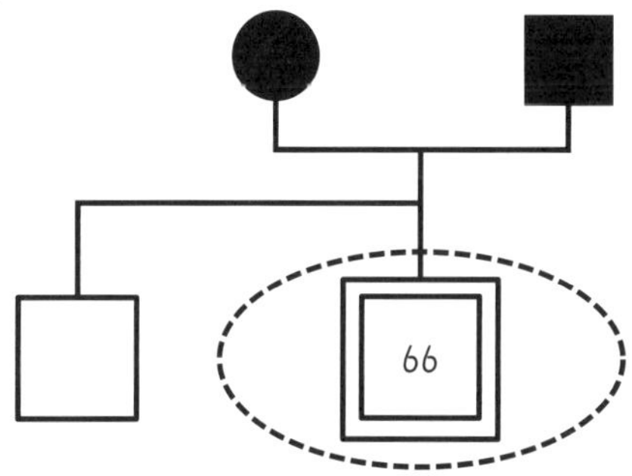

障害高齢者の日常生活自立度	J2
認知症高齢者の日常生活自立度	自立

服薬状況	気管支拡張剤

既往歴／現病歴	慢性閉塞性肺疾患（COPD）（66 歳）
これまでの生活歴	東北出身。学校卒業後、電気工事会社に勤める。その会社で働き続け、60 歳で定年退職する。退職後、趣味である読書をして過ごされる。66 歳のときに呼吸苦を訴え、救急搬送される。COPD のため、即入院。常に酸素吸入が必要な状態となる。
主訴	・今までのように掃除がしたい ・自分で調理がしたい ・ゆっくり本が読みたい
経緯	自宅に戻るにあたり、生活全般について、今までどおりに生活できるか不安とケアマネジャーに相談がある。自身でできる家事には取り組みたいと話されているが、労作時に呼吸苦を感じられている。本人の生活を支えるためにも訪問介護の新規利用の依頼がある。

一日の過ごし方

0	6			12		18	24
	起床	朝食	洗濯	昼食	読書	夕食	就寝

課題分析(アセスメント)に関する項目

健康状態	在宅酸素を使い、安静にしていれば呼吸苦はみられない。
ADL評価	ベッドからの起き上がりや立ち上がり、かがむ動作をする際に呼吸苦がある。短い距離であれば、呼吸苦なく歩行できる。寝返り、移乗は自立。時間はかかるが着替えは自立。自宅に入浴設備がない。入院前は近くの銭湯に行っていた。

項目	状態	備考	項目	状態	備考
移動手段	歩行	短い距離であれば、呼吸苦なし	社会との交流	あり	友人の訪問あり。外出は通院程度
立位	自立		口腔衛生	支障なし	
座位	自立		認知症	なし	
排泄	自立	労作時、呼吸苦あり	問題行動	なし	
入浴	一部介助	お風呂が好き	褥瘡	なし	
更衣	自立	時間をかければ自立	麻痺	なし	
食事	自立		拘縮	なし	
視力	支障なし		介護力	なし	
聴力	支障なし		特別な状況	なし	
意思疎通	可	長時間話すと息苦しくなってしまう	その他		
言語	支障なし				

IADL評価	金銭管理自立。自身で掃除機がけや雑巾がけを行いたいが、呼吸苦があり、やりきれない。ごみの分別もやりきれない。ゴミステーションには歩いて行ける距離。洗濯や調理は、自身で時間をかければ自立。買い物は自身で行けず、困っている。

項目	状態	備考	項目	状態	備考
買い物	全介助	新鮮な食材がほしい	服薬管理	自立	
調理	自立	大好きなトマトを使って調理がしたい	金銭管理	自立	
掃除	一部介助	昔からきれい好き	電話の使用	自立	長時間話すと息苦しくなってしまう
洗濯	自立	時間をかければ自立	住環境	アパート1F	風呂なし

その他	「お風呂に入らないとすぐに汗疹ができる。痒いとイライラしてしまう」と話される。昔からきれい好きでハウスダストが苦手。ごみをためるとコバエが発生するので困る。朝は手づくりのサンドイッチと決めている。午後は読書の時間と決めている。

居宅サービス計画書(1)(2)

利用者名　平井 隆史　様　生年月日　年 7 月 31 日生　(初回)・紹介・継続　(認定済)・申請中

要介護状態区分	(要介護1)・要介護2・要介護3・要介護4・要介護5
利用者及び家族の生活に対する意向	本人：息苦しさから、以前より歩けなくなったり、大変なことが増えている。自分のペースで暮らしたいが、体調によっては誰かに頼らざるを得ないこともある。
総合的な援助の方針	医療、介護が連携して、ご本人とともに体調管理を行います。身体の負担を軽減して体調悪化の防止を図り、在宅生活が継続できるよう支援します。 ご本人の意向を尊重しつつ、体調に合わせて必要時には迅速にサービス調整等を行います。
生活援助中心型の算定理由	(1) 一人暮らし　2. 家族等が障害、疾病等　3. その他（　）

生活全般の解決すべき課題(ニーズ)	目標 長期目標	(期間)	短期目標	(期間)	援助内容 サービス内容	※1	サービス種別	頻度
ハウスダストがとどまらないようにしたい。	ハウスダストを滞留させない。		呼吸苦を軽減し掃除ができる。		訪問診療、処方など		主治医	月1回
					体調観察、療養指導	○	訪問看護	週1回
					呼吸苦が生じない範囲の掃除		本人	週2回
					体調観察、本人がやりきれない掃除の支援	○	訪問介護	週2回
コバエが発生しないようにしたい。	コバエを発生させない。		収集日にごみ出しができる。		ゴミステーションに出しに行く。		本人	該当日
			ごみの分別ができる。		分別し、出しやすいようにまとめる。	○	訪問介護	週2回
新鮮な食材を使って調理がしたい。	大好きなトマトを使って朝のサンドイッチがつくれる。		10分間立っていられる。		呼吸のリハビリテーション	○	訪問看護	週1回
			調理に必要な食材を決めて買い物を頼める。		買い物リストの作成		本人	週2回
					体調観察、買い物の支援	○	訪問介護	週2回
汗疹が出ないようにしたい。	痒みでイライラしない。		週2回以上、汗を流すことができる。		本人の体調や酸素チューブに注意して行う入浴介助	○	通所介護	週2回
					(体調不良で通所できない場合) 洗髪など身体保清の支援	○	訪問看護	必要時
					(体調不良で通所できない場合) 清拭、足浴など身体保清の支援	○	訪問介護	必要時

※1 「保険給付の対象となるかどうかの区分」について、保険給付対象内サービスについては○印を付す。

事例4 平井さんのアローチャート

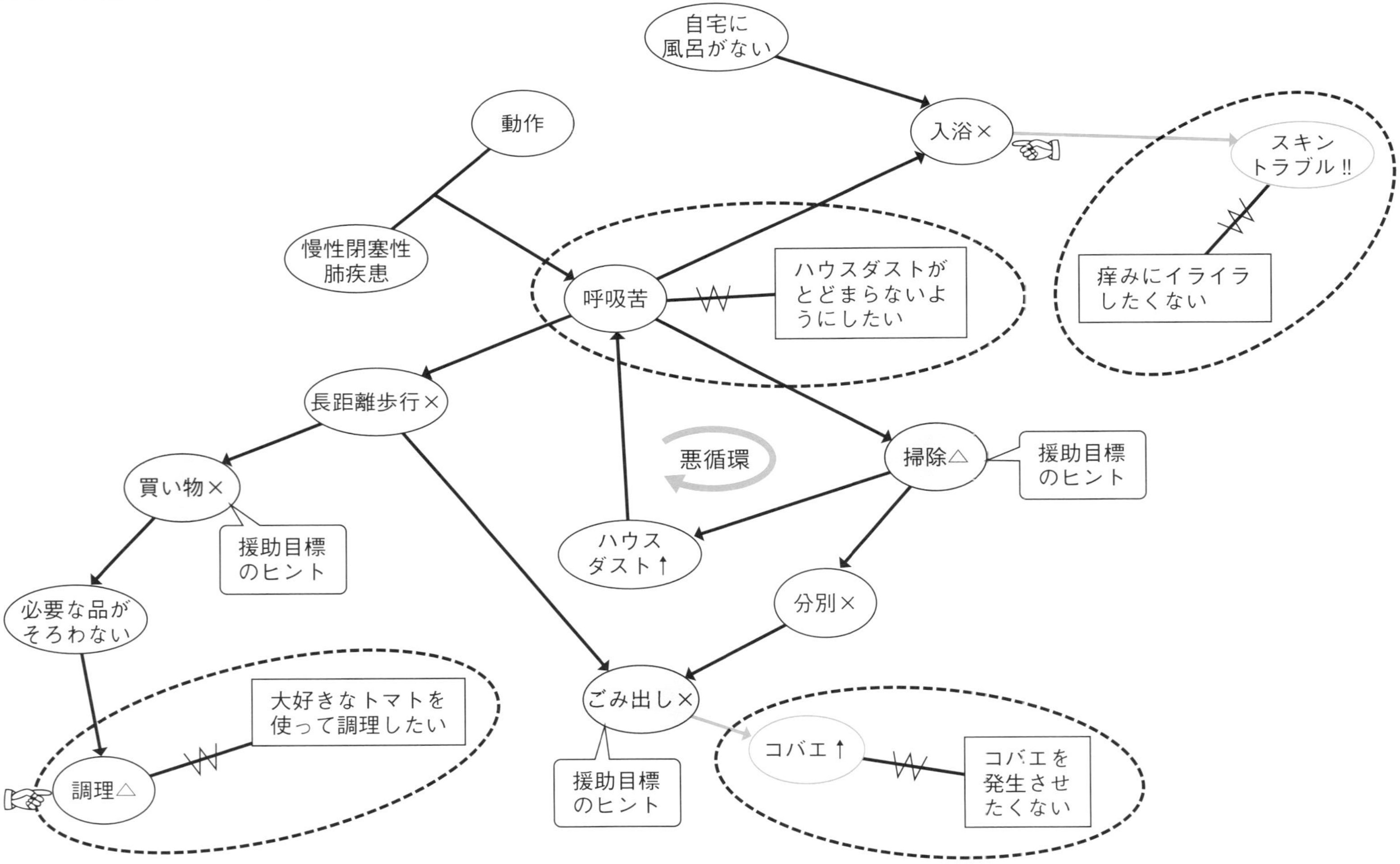

平井さんの全体像を確認する

平井さんは退職後、慢性閉塞性肺疾患を発症しています。好きな読書をしながらセカンドライフを楽しもうとしています。午後は読書の時間と決めているため、午前中にケアへ入る配慮が必要です。

次にケアプランを確認しましょう。本人の意向と援助方針を合わせると、呼吸苦を抱えながらも家事の代行や入浴の支援が入ることで、自分のペースで今の場所で暮らしていきたいという意向の利用者本人を、チームで支えようとする方向性が確認できます。

アローチャートからは慢性閉塞性肺疾患とさまざまな動作を原因として、呼吸苦が現れています。呼吸苦があることにより、掃除や調理に必要な買い物、入浴が困りごとです。

掃除ができない（掃除△）ことで、ハウスダストが滞留してしまいます（ハウスダスト↑）。ハウスダストを含む空気を吸い込むことで呼吸苦につながる悪循環となる可能性があります。ここが１つ目のニーズになります。**「ハウスダストを滞留させない」**ためには、**「呼吸苦を軽減し掃除ができる」**ことが短期目標に設定されています。訪問介護の援助目標としても押さえておきましょう。また、掃除△で分別ができず、長距離歩行ができないことも重なり、ごみ出しができていません。ここが２つ目のニーズです。ごみをためてしまうとコバエが発生してしまいます。**収集日にごみが出しやすいよう、分別してごみ袋をまとめる必要があります。**

買い物ができない（買い物×）ことで必要な品がそろわず、調理ができない（調理△）という困りごとを生んでいます。ここが３つ目のニーズです。大好きなトマトを使って、朝のサンドイッチがつくれるためにも、訪問介護は**本人が選んだ必要な食材の買い物**を支援します。

入浴に関して**「痒みでイライラしない」**という長期目標に向かって通所介護が位置付けられています。体調不良等で通所介護が利用できない場合は**訪問介護が汗を流す**ケアを行う必要があります。

サ責のお助けシート	利用者氏名	平井 隆史 様	性別	男・女	要介護1 要支援 事業対象者	年齢

現状と着目したい項目

健康状態	悪性腫瘍	骨粗鬆症	労作時呼吸苦
	脳卒中	関節疾患	
	高血圧	膝関節症	
	心疾患	圧迫骨折	
	肺疾患	パーキンソン症状	在宅酸素
	腎不全	睡眠障害	
	糖尿病	認知症＊1要確認	
コミュニケーション能力	発語	聴力	
	視力	意思疎通	
排尿・排便	便秘	尿道カテーテル	
	便失禁	ストマ	
	尿失禁		
社会との関わり	近隣交流	外出	
	友人交流	通院	
皮膚の問題	褥瘡	爪	
	痒み		
	浮腫		
口腔状態	口腔衛生	炎症	
	歯	嚥下	
食事摂取	低栄養	脱水	
	栄養バランス	禁止食	
	経管栄養		
居住環境	設備	階段	
	空調	段差	
	衛生面	冷蔵庫内	
特別な状況	ターミナルケア	虐待	
介護力	家族の協力	介護負担	
その他	経済力	喫煙	
	金銭管理	飲酒	
	服薬		

移動・動作	＊1 中核症状
寝返り	記憶障害
起き上がり	見当識障害
座位	理解力の低下
立位	判断力の低下
歩行	実行機能障害
かがむ	失認
腕が上がる	失行
手指	失語

各生活行為を細かく分けて、困難なこと

排泄	便意・尿意	脱衣	排尿	排便	後		
食事	食べ物を確認	道具を持つ（箸／スプーン／フォーク）	口に運ぶ	噛む			
入浴	湯はり	衣類の準備	脱衣	洗体	洗髪	入湯	身体拭
整容	洗面	歯磨き	整髪	髭剃り	化粧	爪切り	耳そ
掃除	居室の掃除（掃除機／ほうき／はたき／モップ／雑巾）	かがむ掃除	キッの掃				
洗濯	衣類を選別	洗濯機を回す（全自動／二槽式）	取り出す	運ぶ	干す（ハンガー等で干す）		
調理	献立考案	食材の確認	切る	加熱（コンロ／IH／レンジ）	火気管理	味	
買い物	買い物リストの作成	買い物先へ移動	店内の移動	商品の選択	会計	袋詰	
その他	（ごみの処理☆）ごみを分別	（ごみの処理☆）ごみ袋をしばる	（ごみの処理☆）ごみを出す				
＊1 BPSD	不安抑うつ	せん妄	妄想	幻覚錯覚	弄便	異食	徘

66歳	身長 168cm	体重 58kg	BMI 20.5	アセスメント理由 初回・変更・更新	実施日 年 月 日	評価者

に○をつける	現状に関する本人の考え・工夫	サービス提供責任者の評価
始末 / 着衣	トイレへは自分で行けているが、動くと呼吸が苦しい。ゆっくり動きたいため、早めにトイレに行くようにしている。	今後、呼吸苦の状態に合わせて排泄介助の可能性あり。
飲み込む / 飲水		
を く / 着衣 / 髪を乾かす	自宅に入浴設備がない。入院前は近くの銭湯に行っていた。酸素吸入をしながら入らないと呼吸がつらい。汗疹になると痒くてイライラする。	体調不良等で通所介護を休んだ際には清拭等の必要性がある。
うじ / 着替え / 上半身 / 下半身 / 靴下	時間はかかるが着替えは自立している。	
チン 除 / 浴室の掃除 / トイレの掃除 / リネン交換 / ごみの処理☆	自身で行いたいが呼吸苦があり、やりきれない。昔からきれい好きでハウスダストが苦手。ホコリが舞った空気を吸うとせき込んでつらい。	本人の考える掃除に近づけるように話をうかがい、呼吸苦やホコリが舞わないように配慮しながらケアを行う必要がある。 ごみの処理☆についてはさらに細かく確認する。
取り込む / 畳む / 収納	洗濯は、自分でできる。午前中は裏干し、午後は表干しにするのが我が家のルール。	労作時に呼吸苦があるため、観察が必要。今後、洗濯の支援の必要性あり。
つけ / 盛りつけ / 食器の出し入れ / 配下膳 / 食器を洗う	調理は、自分でできるが食材がそろわないと困る。朝は新鮮なトマトを使って、サンドイッチをつくりたい。それが昔からの1日を無事に終えるためのルーティン。	在宅酸素使用のためIHを使用。現在調理に支障は出ていないが労作時に呼吸苦があるため要観察。今後、調理の支援の必要性が高い。
め / 品物を持ち帰る / 収納 / 金銭管理	金銭管理自立。電話をかけることは可能だが、長い時間話すと息苦しくなってしまう。買い物は自分で行けず、困っている。新鮮な食材を使って調理がしたい。	口頭ではなく、買い物リストを作成してもらう。買い物を代行する必要がある。
	ごみを分別することに手間取ってしまうと呼吸がつらくなる。ごみ袋をしばることはできる。玄関を出て、すぐがごみ捨て場なのでごみ捨ては自分でできるが、重いと運べない。コバエを発生させたくない。	ヘルパーが分別を行い、袋の重さに配慮してまとめる必要がある。
徊 / 帰宅願望 / 暴力暴言 / 介護拒否 ここに挙げた症状は一例です		

サ責のお助けシートから具体的な困りごとの確認

平井さんは「掃除」と「買い物」が課題となっています。具体的に何に、どう困っているのか、本人の考え・工夫と合わせて確認していきましょう。

・掃除の困りごとについて

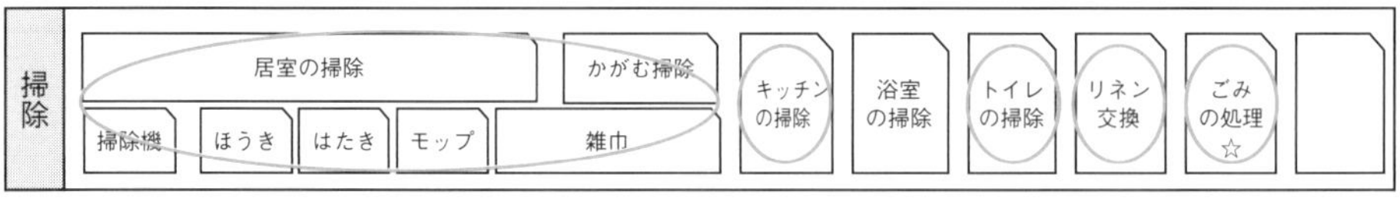

呼吸苦があるために具体的な掃除の動作を行うことが困難であることがわかりました。そして、ホコリが舞った空気を吸うとせきこみやすいことも確認できました。本人の考える掃除に近づけるように話をうかがい、呼吸苦やホコリが舞わないように配慮しながらのケアを行う必要があります。

「呼吸苦を軽減し掃除ができる」という援助目標を達成するための留意事項として「呼吸苦に配慮して、換気しながら掃除する」としました。ケア時の着目点としては「昔からきれい好きでハウスダストが苦手」と「本人の考える掃除を確認する」とします。

・ごみ捨ての困りごとについて

また、「ごみの処理」について、もう少し細かく分解して見ていきましょう。

ごみを分別することに手間取ってしまうと呼吸がつらくなります。ごみ袋をしばることはできます。玄関を出てすぐごみ捨て場がありますが、重いと運べないようです。ホームヘルパーが分別と袋の重さに配慮してまとめる必要があると評価しました。

「ごみの分別ができる」という援助目標を達成するための留意事項として「ごみ袋を出しやすいように配慮する」としました。ケア時の着目点として「コバエを発生させたくない」とします。

＊【買い物】及び必要時の【入浴】についてはサ責のお助けシート参照

訪問介護計画書　　新規・更新・見直し・変更（　　）

利用者氏名《ふりがな》	平井《ひらい》 隆史《たかし》 様 男・女	生年月日	大正 昭和 年 7月 31日
住　所		電　話	（　　）
有効期間	年 1月 20日～ 年 12月 31日	事業対象者	要支援 1・2　要介護 1・2・3・4・5
計画作成者		作成年月日	年 3月 2日

【目標・期間】

本人及び家族の希望	今までどおり、自分で家事をしたい。		
援助目標	呼吸苦を軽減し、掃除ができる。	留意事項	呼吸苦に配慮して、換気しながら掃除する。
	収集日にごみを出せる。		ごみ袋を出しやすいように配慮する。
	必要な食材を決めて買い物を頼める。		買い物リストを作成する。
	（週2回以上汗を流すことができる。）		（通所できなかった時必要に応じて）

【援助内容】

No.	派遣曜日		派遣時間		
	派遣曜日	月・火・水・木・金・土・日	派遣時間	10：00 ～ 11：00	： ～ ：
	派遣曜日	月・火・水・木・金・土・日	派遣時間	： ～ ：	： ～ ：

No.	サービス区分	サービス内容	所要時間	ケア時の着目点
1	生活援助	サービス準備・様子観察・記録等	5分	＊昔からきれい好きでハウスダストが苦手でありコバエを発生させたくない本人の想いに配慮した掃除。 ＊必要時、清拭等の必要な身体介護を行う。身体1生活1や身体2に区分を変更する。
		掃除	40分	
			分	
		合計時間	45分	

No.	派遣曜日		派遣時間		
	派遣曜日	月・火・水・木・金・土・日	派遣時間	10：00 ～ 11：00	： ～ ：
	派遣曜日	月・火・水・木・金・土・日	派遣時間	： ～ ：	： ～ ：

No.	サービス区分	サービス内容	所要時間	ケア時の着目点
2	生活援助	サービス準備・様子観察・記録等	5分	＊鮮度に気をつけて購入する。 ＊必要時、清拭等の必要な身体介護を行う。身体1生活1や身体2に区分を変更する。
		買い物	55分	
			分	
		合計時間	60分	

ここまでのポイント！

慢性閉塞性肺疾患による呼吸苦を抱えながらも自分で家事を行いたい気持ちを支えるケアが必要です。現在、支障は出ていませんが洗濯や調理についても身体への負担は大きいことがわかります。

今後、それらの依頼が訪問介護に来る可能性があります。今は困りごとではなく依頼がなかったとしても、洗濯物が干されているか、食事は摂れているかなどは訪問介護が活動時に確認する必要があります。

事例 5 「自分の目で見て買い物をしたい」という希望のある利用者の事例

基本情報に関する項目（一部情報を省略しています）							
氏名	大竹 和代　様	性別	女性	生年月日	年 6 月 26日 生	86 歳	
住所	○○○市	要介護度	1				

家族構成図

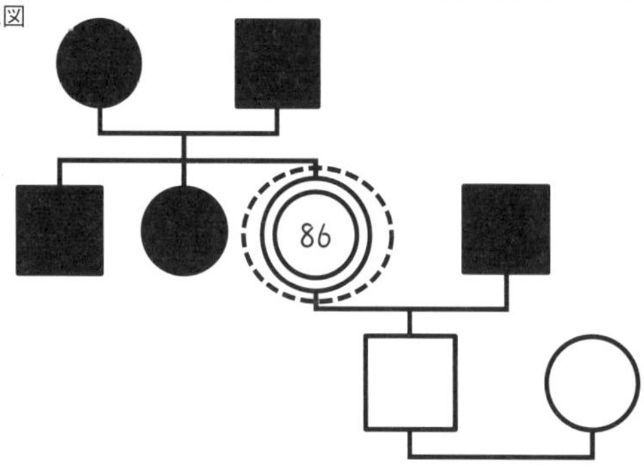

障害高齢者の日常生活自立度	J2
認知症高齢者の日常生活自立度	自立
服薬状況	骨粗鬆症治療剤

既往歴／現病歴	腰椎圧迫骨折（85 歳） 腰痛（85 歳） 骨粗鬆症（85 歳）
これまでの生活歴	関東出身。3 人兄妹の末子。女学校を卒業後、タイピストとして船舶修理会社に勤務。仕事でかかわりのあった男性と結婚。1 人息子をもうけ、現住所に夫が家を建て子ども相手の塾を長く経営していた。息子夫婦は隣町に住んでおり、週末は来訪する。夫は 11 年前に他界。1 年前に室内で転倒し、腰椎圧迫骨折で動けなくなり入院。リハビリテーションで回復し、歩行可能となる。半年前に退院する際、訪問介護を利用される。社交的な性格だが、住居が坂の上で以前できていた外出がどこまでできるのか、今後の生活に不安がある。
主訴	腰の痛みも軽減してきたし、いつものスーパーへ行き自分の目で見て買い物をしたいが坂道が心配。 夫が建てた家だし、夫の仏壇があるリビングだけでもきれいにしていたいが、以前のように掃除できなくて困っている。
経緯	自宅に戻るにあたり、家事全般に不安があると、ケアマネジャーに相談がある。どこまで自分でできるか、できない部分は誰かに手伝ってもらえないかと希望があり、訪問介護の新規利用の依頼がある。現在、半年が経ち、サービスの見直しを検討している。

一日の過ごし方

0	6				12		18		24
	起床	朝食	洗濯	掃除	買い物	昼食	散歩	夕食	就寝

課題分析（アセスメント）に関する項目					
健康状態	腰痛は軽減しているがかがむ動作は痛みが生じる。				
ADL評価	ベッドからの起き上がりや立ち上がりは、ベッド横の手すりを使うことで自立している。室内の歩行は問題ない。入浴は浴槽をまたぐ動作が困難であったため、退院当初ホームヘルパーが支援していたが、3か月ほどで改善されたため、現在は息子夫婦が来る週末に行っている。				
項目	状態	備考	項目	状態	備考
移動手段	自立	屋外：杖歩行	社会との交流	あり	隣近所との交流が多い
立位	自立	ふらつきあり	口腔衛生	支障なし	
座位	自立		認知症	なし	
排泄	自立		問題行動	なし	
入浴	自立	息子夫婦が来る週末に入る	褥瘡	なし	
更衣	自立		麻痺	なし	
食事	自立		拘縮	なし	
視力	支障なし		介護力	あり	週末来訪
聴力	支障なし		特別な状況	なし	
意思疎通	支障なし		その他		
言語	支障なし				
IADL評価	電話・金銭管理自立。自分で届く範囲の拭き掃除を行う。掃除機がけや水回りの掃除は腰に負担がかかる。洗濯や調理は一部を除き自身で自立。シーツや布団等の大きな洗濯物はできない。自宅前の坂道が不安なため買い物は現在、ホームヘルパーが代行しているが、自分の目で見たい気持ちがある。				
項目	状態	備考	項目	状態	備考
買い物	全介助	自分の目で見たい	服薬管理	自立	
調理	自立		金銭管理	自立	
掃除	一部介助	腰に負担がかかる動作不可	電話の使用	自立	
洗濯	一部介助	大きな物はできない	住環境	2階建て	1階は物置、2階が居住スペース
その他	自宅前の坂が急な坂道。いつものスーパーは往復20分程。				

居宅サービス計画書(1)(2)

利用者名　大竹 和代　様　　生年月日　年 6 月 26 日生　　初回・紹介・継続　　認定済・申請中

要介護状態区分	要介護1 ・ 要介護2 ・ 要介護3 ・ 要介護4 ・ 要介護5
利用者及び家族の生活に対する意向	本人：骨折して身体の動きが悪く、できないことも増えてしまったけれど、以前のように家のことができたり、買い物へ行きたい。 長男：骨折後、歩行にかなりふらつきがある。坂の上に住んでおり、今後は以前のように1人で出歩くことができない。 日中1人でできないことも増えているが、無理をしてまた骨折したら大変なので、困らないようにサービスを利用し生活を続けてほしい。
総合的な援助の方針	病後の観察等体調管理が必要ですが、悪化なく健康が保てるよう、関係者で体調観察を行っていきます。 腰椎圧迫骨折で入院し、生活動作に支障が生じる心配がありますが、ご本人のできることが増えるよう見守り、必要に応じ支援をいたします。筋力を維持し、外出も楽しみながら、お元気に生活を継続できるようご本人、ご家族、関係者間で連携を図っていきましょう。
生活援助中心型の算定理由	1. 一人暮らし　2. 家族等が障害、疾病等　3. その他（　　）

生活全般の解決すべき課題（ニーズ）	目標：長期目標	（期間）	目標：短期目標	（期間）	援助内容：サービス内容	※1	サービス種別	頻度
自分の目で見て買い物をしたい。	1人で行きつけのスーパーに買い物に行ける。		腰の痛みを軽減する。		定期受診・服薬管理		医療 本人・家族	不定期
					起居動作安定のための特殊寝台、付属品の利用	○	福祉用具貸与	毎日
			週2回、徒歩で買い物先まで往復できる。		買い物付き添い支援	○	訪問介護	週2回
					雨天時、買い物代行	○	訪問介護	雨天時
			20分間立っていられる。		運動プログラムへの参加。レクリエーション活動への参加。身体状態の観察、把握	○	通所介護	週2回
夫が建てた家だから、きれいにしていたい。	以前のようにきれいなリビングで過ごせる。		かがまずにリビングの掃除ができる。		腰に負担の大きい掃除などの支援	○	訪問介護	週1回

※1 「保険給付の対象となるかどうかの区分」について、保険給付対象内サービスについては○印を付す。

事例5 大竹さんのアローチャート

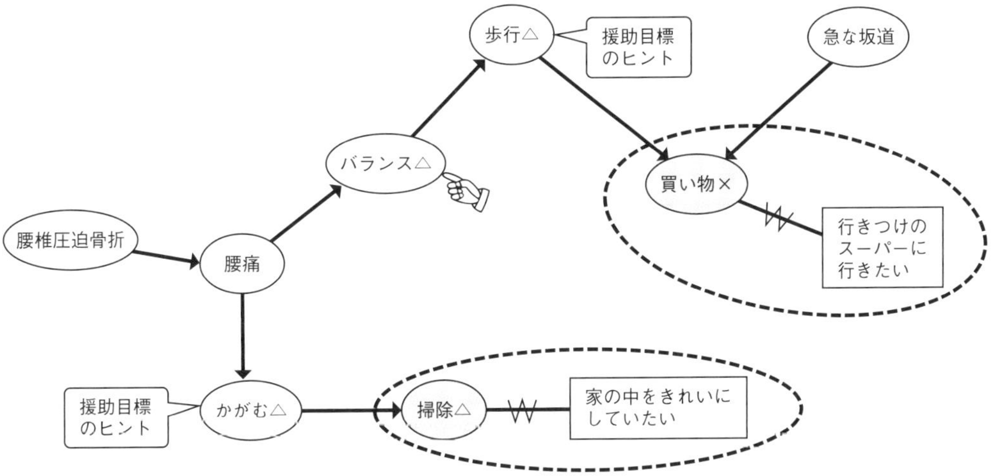

大竹さんの全体像の確認

大竹さんは転倒による腰椎圧迫骨折の影響で、まだ腰の痛みを感じています。洗濯や調理など、本人ができることは行っています。そして今度は、いつものスーパーへ行くことに挑戦しようとしています。

ケアプランの本人の意向と援助方針を合わせると、できなくなったことを、またできるようにしたいと思っている本人と目指すチームの方向性が確認できます。

アローチャートから全体像を確認してみましょう。大きなポイントは腰椎圧迫骨折から現れている腰痛です。腰痛は体幹バランスを崩し、歩行を不安定にしています。そのため、買い物に行けていません。急な坂道も買い物へ行けない大きな要因となっています。ここが１つ目のニーズです。「自分の目で見て買い物をしたい」というニーズを解決するために「１人で行きつけのスーパーに買い物へ行ける」ことを目指します。この目標をかなえるために「週２回、徒歩で買い物先まで往復できる」ことが短期目標に設定されています。利用者本人と買い物に行くという内容が訪問介護への依頼です。

また、腰椎圧迫骨折をしている経験からかがむ掃除はできません。これが２つ目のニーズです。「夫が建てた家だから、きれいにしていたい」というニーズを解決するために「以前のようにきれいなリビングで過ごせる」ことを目指します。この目標をかなえるために「かがまずにリビングの掃除ができる」ことが短期目標であり、訪問介護の援助目標でもあります。

サ責のお助けシート	利用者氏名	大竹 和代 様	性別	男・女	要介護1 要支援 事業対象者	年齢

現状と着目したい項目

健康状態	悪性腫瘍	骨粗鬆症	
	脳卒中	関節疾患	
	高血圧	膝関節症	
	心疾患	圧迫骨折	腰椎圧迫骨折
	肺疾患	パーキンソン症状	腰痛
	腎不全	睡眠障害	
	糖尿病	認知症＊1要確認	
コミュニケーション能力	発語	聴力	
	視力	意思疎通	
排尿・排便	便秘	尿道カテーテル	
	便失禁	ストマ	
	尿失禁		
社会との関わり	近隣交流	外出	
	友人交流	通院	
皮膚の問題	褥瘡	爪	
	痒み		
	浮腫		
口腔状態	口腔衛生	炎症	
	歯	嚥下	
食事摂取	低栄養	脱水	
	栄養バランス	禁止食	
	経管栄養		
居住環境	設備	階段	
	空調	段差	
	衛生面	冷蔵庫内	
特別な状況	ターミナルケア	虐待	
介護力	家族の協力	介護負担	
その他	経済力	喫煙	
	金銭管理	飲酒	
	服薬		

各生活行為を細かく分けて、困難なこと

移動・動作
寝返り
起き上がり
座位
立位
歩行
かがむ
腕が上がる
手指
＊1 中核症状
記憶障害
見当識障害
理解力の低下
判断力の低下
実行機能障害
失認
失行
失語

排泄	便意・尿意	脱衣	排尿	排便	後		
食事	食べ物を確認	道具を持つ（箸／スプーン／フォーク）	口に運ぶ	噛む			
入浴	湯はり	衣類の準備	脱衣	洗体	洗髪	入湯	身体拭
整容	洗面	歯磨き	整髪	髭剃り	化粧	爪切り	耳そ
掃除	居室の掃除（掃除機／ほうき／はたき／モップ／雑巾）	かがむ掃除	キッ の掃				
洗濯	衣類を選別	洗濯機を回す（全自動／二槽式）	取り出す	運ぶ	干す	ハンガー等で干す	
調理	献立考案	食材の確認	切る	加熱（コンロ／IH／レンジ）	火気管理	味	
買い物	買い物リストの作成	買い物先へ移動	店内の移動	商品の選択	会計	袋詰	
その他							
＊1 BPSD	不安抑うつ	せん妄	妄想	幻覚錯覚	弄便	異食	徘

86歳	身長 155cm	体重 48kg	BMI 20.0	アセスメント理由 初回・変更・更新	実施日 年 月 日	評価者

に○をつける	現状に関する本人の考え・工夫	サービス提供責任者の評価
始末 / 着衣		
飲み込む / 飲水		
をく / 着衣 / 髪を乾かす	息子夫婦が来る週末に入っている。	入浴は浴槽をまたぐ動作が困難であったため、退院当初はホームヘルパーが手伝っていたが、3か月ほどで改善される。現在は支障なし。
うじ / 着替え / 上半身 / 下半身 / 靴下		
チン除 / 浴室の掃除 / トイレの掃除 / リネン交換 / ごみの処理	かがむ姿勢や掃除機がけは腰に負担がかかるので行わない。 夫の仏壇があるリビングのテーブルは拭き掃除をしている。 夫（仏壇）から見えるところ（リビング）は特にきれいにしていたい。	腰に負担の大きい動作はホームヘルパーが代行する。 夫が建てた家であり、夫の仏壇があるリビングはきれいにしていたい気持ちを理解し、以前はどんな掃除をしていたか、どの程度できるかを確認しながら活動する。
取り込む / 畳む / 収納	衣類は少量ずつ洗濯しているので運ぶのは大変ではない。ドラム式の洗濯機なので取りだしやすい。大きなシーツ等はできていない。	洗濯機から衣類を取り出す際、やや腰に負担がかかっている。洗濯ができているか毎活動時、確認する必要がある。
つけ / 盛りつけ / 食器の出し入れ / 配下膳 / 食器を洗う		
め / 品物を持ち帰る / 収納 / 金銭管理	行きは急な下り坂、帰りは急な上り坂に加えて荷物もあるから１人では心配。でも、自分の目で見て買い物がしたい。 安いだけではダメ。安くてよいものを自分の目で見極めたい。	買い物同行時の様子を通所介護に連絡し、歩行力について共有する。杖が使えるようにリュックを提案する。
徊 / 帰宅願望 / 暴力暴言 / 介護拒否 ここに挙げた症状は一例です		

サ責のお助けシートから具体的な困りごとの確認

大竹さんは「買い物」と「掃除」が課題です。具体的に、何にどう困っているのか、本人の考え・工夫と合わせて確認していきましょう。

・買い物の困りごとについて

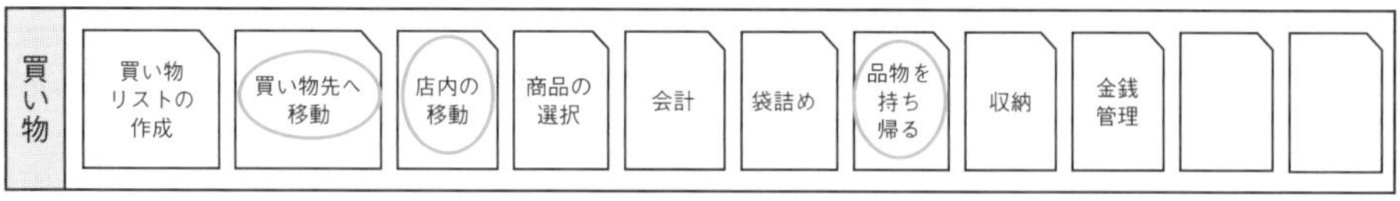

自分の目で見て買い物をしたい気持ちをかなえるためには、買い物先への移動だけでなく店内の移動も課題です。行きは急な下り坂、帰りは急な上り坂に加えて荷物もあるため、杖が使えるようにリュックを使い、両手をあけるようにします。また、転倒に配慮し、歩行状態を確認するほか、雨天時は転倒のリスクが高まる観点から代行する必要もあります。

援助目標「週２回、徒歩で買い物先まで往復できる」を達成するための留意事項として「リュックに入る分量になるよう気をつける」とします。

・掃除についての困りごとについて

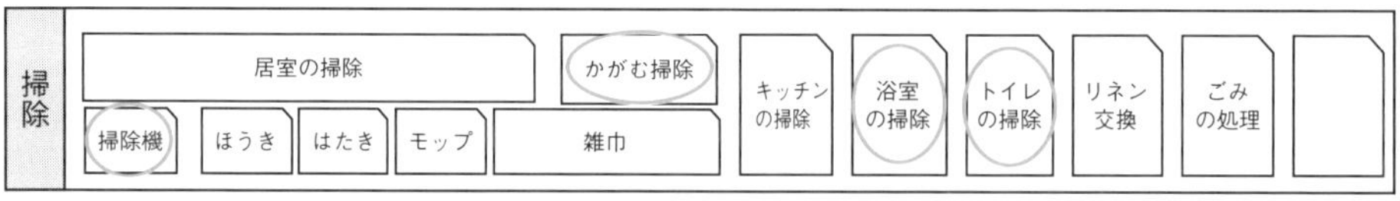

かがむ姿勢や掃除機がけ、水回り等、腰に負担がかかる動きはしてはいけません。夫が建てた家であり、夫の仏壇があるリビングはきれいにしていたい気持ちを理解し、以前はどんな掃除をしていたか、どの程度できるかを確認しながら活動する必要があります。

援助目標「かがまずにリビングの掃除ができる」を達成するための留意事項として「腰に負担が少ない拭き掃除を促す」とします。

・洗濯についての困りごとについて

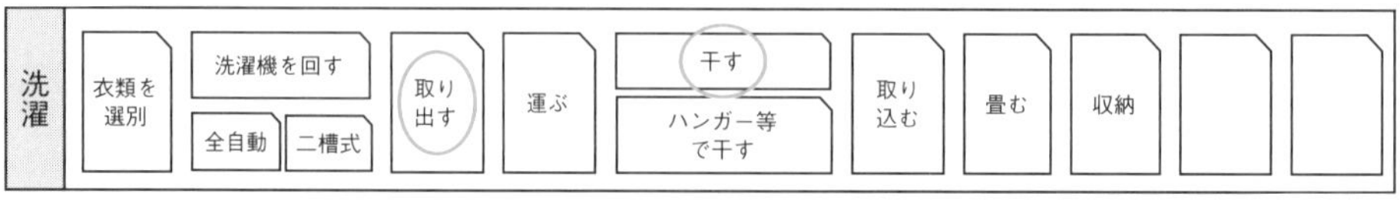

支障は出ていませんが、洗濯機から衣類を取り出す際、腰に負担がかかっていることがわかります。洗濯ができているか活動時に確認する必要があります。

訪問介護計画書

新規・更新・見直し・変更（　　）

ふりがな 利用者氏名	大竹《おおたけ》　和代《かずよ》　様　男・女	生年月日	大正・昭和 年　6月　26日
住　所		電　話	（　　）
有効期間	年10月10日～　年9月30日	事業対象者	要支援1・2　要介護1・2・3・4・5
計画作成者		作成年月日	年　月　日

【目標・期間】

本人及び家族の希望	腰の痛みも軽減してきたし、自分の目で見て買い物をしたい 夫が建てた家だから、きれいにしていたい		
援助目標	週2回、徒歩で買い物先まで往復できる。	留意事項	品物はリュックに入る分量になるよう気を
	かがまずにリビングの掃除ができる。		つける。
			腰に負担が少ない拭き掃除を促す。

【援助内容】

No.					
	派遣曜日	月・火・水・木・金・土・日	派遣時間	10：30 ～ 11：30	：　～　：
	派遣曜日	月・火・水・木・金・土・日	派遣時間	：　～　：	：　～　：
1	サービス区分	サービス内容	所要時間	ケア時の着目点	
	身体介護	サービス準備・様子観察・記録等	5分	＊実際に買う品物を本人の目で見て確認してもらう。 ＊雨天時は買い物代行する。生活援助45分（生活援助2）に区分を変更する。 ＊転倒に注意し、歩行状態を確認する。 ＊洗濯ができているか確認する。	
		買い物同行	55分		
			分		
	合計時間		60分		

No.					
	派遣曜日	月・火・水・木・金・土・日	派遣時間	9：00 ～ 10：00	：　～　：
	派遣曜日	月・火・水・木・金・土・日	派遣時間	：　～　：	：　～　：
2	サービス区分	サービス内容	所要時間	ケア時の着目点	
	生活援助	サービス準備・様子観察・記録等	5分	＊大切な仏壇のあるリビングはきれいに掃除する。 ＊以前はどう掃除していたか、今はどの程度できるか確認する。 ＊洗濯ができているか確認する。	
		掃除	40分		
			分		
	合計時間		45分		

ここまでのポイント！

腰椎圧迫骨折後にできなくなったことを、またできるようにと挑戦しています。「買い物」や「掃除」だけを見るのではなく、「なぜ、買い物へ行きたいのか」や「どんな掃除がしたいのか」を確認することが大切です。前向きな気持ちを尊重しつつ、無理していないか身体の状態も評価しながら、本人の暮らしに近づけるようにケア中に確認していきましょう。

事例 6

尿漏れの心配なく朝まで眠りたい利用者の事例

基本情報に関する項目(一部情報を省略しています)							
氏名	菊野 和久 様	性別	男性	生年月日	年 4 月 14 日 生	80 歳	
住所	○○○市	要介護度	2				

家族構成図

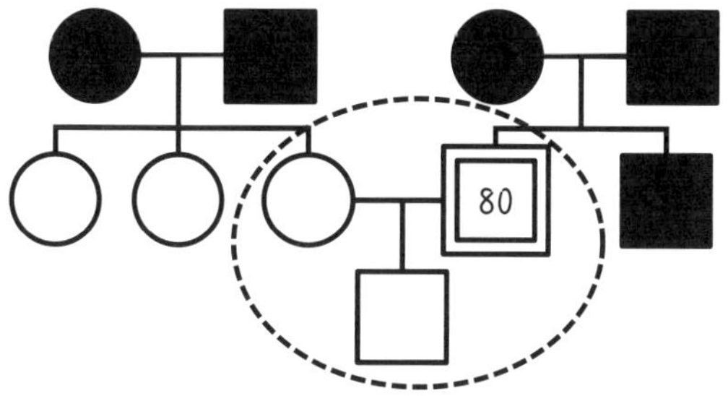

障害高齢者の日常生活自立度	J2
認知症高齢者の日常生活自立度	自立
服薬状況	抗凝固薬
	降圧剤

既往歴／現病歴	脳梗塞（79 歳）
これまでの生活歴	関東出身。バスの運転手をしていた。上司に紹介された女性と 30 代で結婚。一人息子をもうける。息子は日中仕事に出ている。60 歳で定年を迎え、退職。その後、コミュニティバスの運転手をする。運転には自信があったが、家族に心配をかけたくないと 75 歳のときに引退する。運転をやめてからは、あまり外には出ず、テレビを見て過ごすことが多かった。昨年、右手のしびれを訴え、妻が救急車を呼び、搬送。脳梗塞のため、入院。軽度の右片麻痺が残る。
主訴	尿漏れの心配なく、夜は眠りたい。 お風呂には入りたいが、自宅に手すりをつけるなら入らなくていい。
経緯	自宅に戻るにあたり、夜間の尿失禁に関することとお風呂のことで心配があると、ケアマネジャーに相談がある。排泄介助に関して、訪問介護の新規利用の依頼がある。

一日の過ごし方	0		6		12	18			24
			起床	朝食	昼食	夕食	入浴	就寝	

<table>
<tr><th colspan="6">課題分析（アセスメント）に関する項目</th></tr>
<tr><td>健康
状態</td><td colspan="5">脳梗塞については、服薬と塩分に配慮した食生活であれば安定が見込まれる。</td></tr>
<tr><td>ADL
評価</td><td colspan="5">脳梗塞後遺症により、軽い右片麻痺がある。下肢は軽度麻痺のため、バランスが悪く歩行不安定。寝返り、起き上がり、移乗は自立。時間はかかるが着替えは自立。浴室に手すり等はつけたくないという理由から環境を整えられないため、入浴は通所介護を利用予定。お風呂には入りたい。</td></tr>
<tr><th>項目</th><th>状態</th><th>備考</th><th>項目</th><th>状態</th><th>備考</th></tr>
<tr><td>移動手段</td><td>自立</td><td>屋外は杖歩行
屋内は何かにつかまれば歩行可</td><td>社会との交流</td><td>なし</td><td></td></tr>
<tr><td>立位</td><td>自立</td><td>ふらつきあり</td><td>口腔衛生</td><td>支障なし</td><td></td></tr>
<tr><td>座位</td><td>自立</td><td></td><td>認知症</td><td>なし</td><td></td></tr>
<tr><td>排泄</td><td>一部介助</td><td>着脱に手間取ると失禁</td><td>問題行動</td><td>なし</td><td></td></tr>
<tr><td>入浴</td><td>一部介助</td><td>自宅では不可</td><td>褥瘡</td><td>なし</td><td></td></tr>
<tr><td>更衣</td><td>自立</td><td>時間はかかる</td><td>麻痺</td><td>右片麻痺</td><td></td></tr>
<tr><td>食事</td><td>自立</td><td>箸は不可、スプーン等を使用</td><td>拘縮</td><td>なし</td><td></td></tr>
<tr><td>視力</td><td>支障なし</td><td></td><td>介護力</td><td>あり</td><td>通院は息子が支援
妻の健康状態は問題ない</td></tr>
<tr><td>聴力</td><td>支障なし</td><td></td><td>特別な状況</td><td>なし</td><td></td></tr>
<tr><td>意思疎通</td><td>支障なし</td><td></td><td rowspan="2">その他</td><td rowspan="2" colspan="2"></td></tr>
<tr><td>言語</td><td>支障なし</td><td></td></tr>
<tr><td>IADL
評価</td><td colspan="5">家事全般、妻が行う。元々家事の経験はない。服薬をときどき忘れてしまう。</td></tr>
<tr><th>項目</th><th>状態</th><th>備考</th><th>項目</th><th>状態</th><th>備考</th></tr>
<tr><td>買い物</td><td>全介助</td><td></td><td>服薬管理</td><td>自立</td><td>薬カレンダーを使い自己管理</td></tr>
<tr><td>調理</td><td>全介助</td><td></td><td>金銭管理</td><td>自立</td><td>通院時の支払い等可</td></tr>
<tr><td>掃除</td><td>全介助</td><td></td><td>電話の使用</td><td>自立</td><td></td></tr>
<tr><td>洗濯</td><td>全介助</td><td></td><td>住環境</td><td>2階建て
戸建て</td><td>1階が居住スペース
2階に息子の部屋</td></tr>
<tr><td>その他</td><td colspan="5">自分が建てた家だから傷をつけたくない。そのため、「手すりを風呂場につけるのは絶対に嫌だ」という話をされる。テレビで尿路感染症について見たら自分が当てはまりそうで怖い。朝までゆっくり眠りたい。</td></tr>
</table>

居宅サービス計画書(1)(2)

利用者名　菊野 和久　様　生年月日　年 4 月 14 日生　(初回)・紹介・継続　(認定済)・申請中

要介護状態区分	要介護1 ・ (要介護2) ・ 要介護3 ・ 要介護4 ・ 要介護5
利用者及び家族の生活に対する意向	本人：身体が思うように動かない。右手で食事を食べたりはできる。もうトイレごとで失敗したくない。 奥様：家にいるとほとんどベッドに横になっているので、これでは足もよくならないと思ってしまう。この先どうなってしまうのかと心配である。
総合的な援助の方針	右片麻痺が影響し、立ち上がりや歩行がままならないときがあります。お1人で行うには不安の大きいご自宅内の動作を、訪問介護により必要な箇所のお手伝いをさせていただきます。週2回のデイサービスでは機能訓練やお食事、ほかの方との交流のなかで無理なくお身体を動かしていただき、気分転換を図っていただけますよう支援いたします。
生活援助中心型の算定理由	1．一人暮らし　(2) 家族等が障害、疾病等　3．その他（　　）

生活全般の解決すべき課題（ニーズ）	目標				援助内容			
	長期目標	(期間)	短期目標	(期間)	サービス内容	※1	サービス種別	頻度
1人では脳梗塞に配慮した体調管理ができない。	脳梗塞の再発なく過ごせる。		塩分6g以下／日の食事が摂れる。		定期受診・塩分に配慮した食事づくり		医療 本人・家族	不定期
					食事内容の確認・家族への助言	○	訪問介護	週5回
			朝・夕食後の服薬を忘れずにできる。		定期受診・服薬管理		医療 本人・家族	不定期
					服薬の確認	○	訪問介護	週5回
清潔の保持ができないと、尿路感染症の危険性がある。	尿路感染症にならず過ごせる。		入浴し清潔に保てる。		身体状態の観察、把握。浴室・浴槽内の移動、移乗の見守りや介助。洗髪・洗体の介助	○	通所介護	週2回
			朝まで尿が漏れず就寝できる。		トイレへの声かけ、排泄介助。紙パンツにパッドを装着する際の介助。更衣介助	○	訪問介護	週5回
					ズボンの上げ下ろしの介助		本人・家族	週2回
着脱に手間取ると失禁してしまう。	失禁しないで排泄できる。		右手を使い、手間取らず着脱できる。		トイレへの声かけ、排泄介助。更衣介助。右手を使う動作の助言、提案	○	訪問介護	週5回
					ズボンの上げ下ろしの介助		本人・家族	週2回
					右手を使用する運動プログラム等への参加	○	通所介護	週2回

※1 「保険給付の対象となるかどうかの区分」について、保険給付対象内サービスについては○印を付す。

事例6 菊野さんのアローチャート

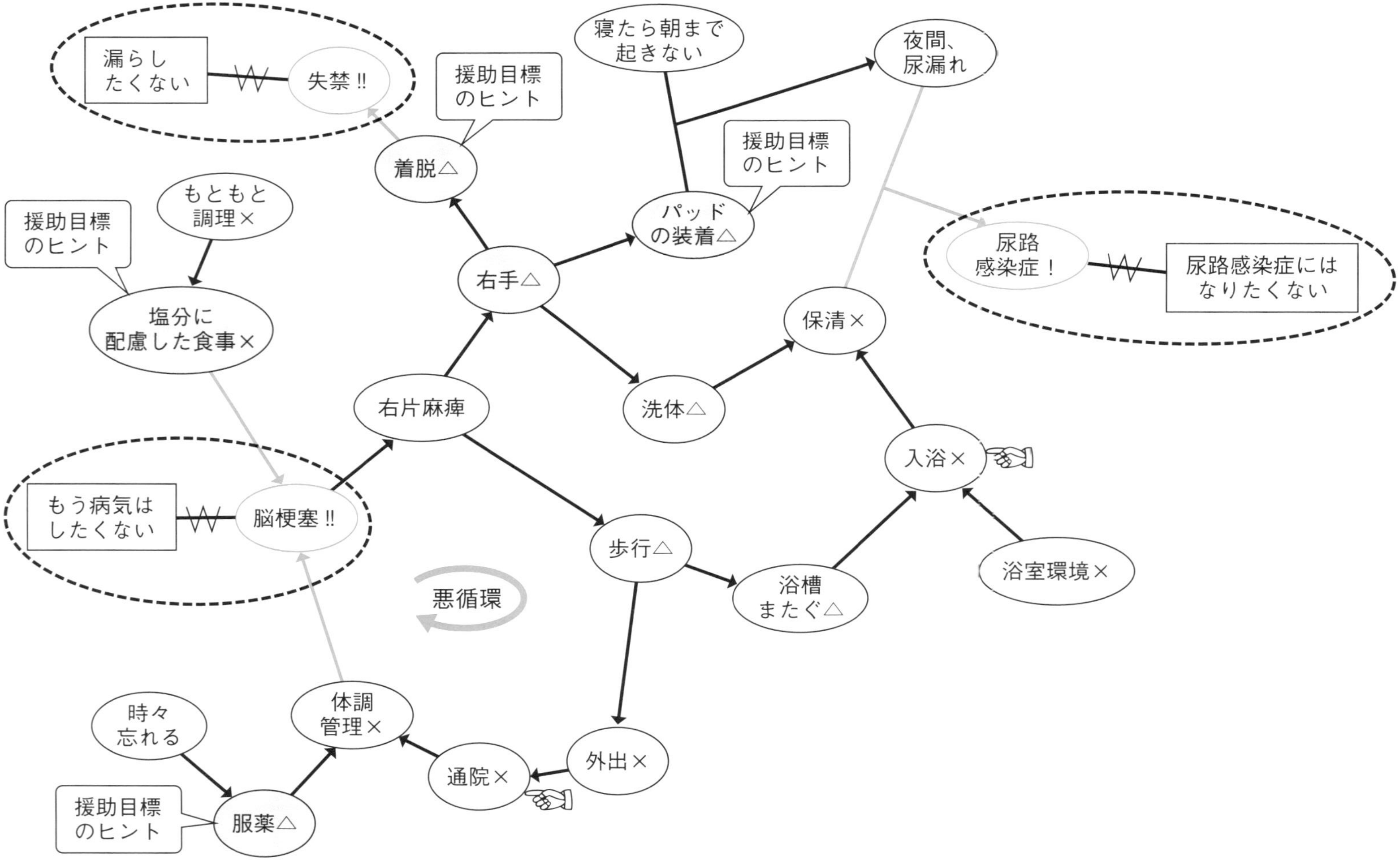

菊野さんの全体像の確認

菊野さんは昨年、脳梗塞で入院し、軽度の右片麻痺が残る状態で退院することになりました。自宅を傷つけたくないという理由から、浴室の環境を整備することは反対しています。家事全般は妻が行い、菊野さん自身はしたことがありません。

次にケアプランを確認しましょう。本人の意向と援助方針をまとめると、歩行の不安定さに配慮しながら、トイレごとで失敗しないようケアが必要であることがわかります。

アローチャートの「悪循環」に着目してください。脳梗塞を再発するリスクがあります。「１人では脳梗塞に配慮した体調管理ができない」というニーズを解決するためにケアプランの短期目標は「塩分６ｇ以下／日の食事が摂れる」と「朝・夕食後の服薬を忘れずにできる」です。これらは訪問介護の援助目標にもなります。この援助目標を達成するための留意事項として塩分に配慮した食事内容か、服薬を忘れていないか、を確認する必要があります。

脳梗塞の後遺症である右片麻痺は大きな課題です。右片麻痺を原因として、右手がうまく使えません（右手△）。そのため、着脱に手間取り、失禁してしまうことがあります。このニーズに対してケアプランでは「右手を使い、手間取らず着脱できる」という短期目標が書かれています。訪問介護の援助目標も同様に設定します。

また、右手△なことでパッドがうまく装着できないことと寝たら朝まで起きないことが重なり、夜間の尿漏れにつながっています。そこに入浴ができないことで保清が十分でない状況が重なり、尿路感染症のリスクが発生しています。本人もテレビなどから情報を得て、尿路感染症のリスクが自分にあると考えています。

夜間の尿漏れを予防するために訪問介護へ依頼がありました。ケアプランの短期目標である「朝まで尿が漏れず就寝できる」を訪問介護の援助目標としても設定しましょう。

サ責のお助けシート	利用者氏名	菊野 和久 様	性別	男・女	要介護2 要支援 事業対象者	年齢

現状と着目したい項目

健康状態	悪性腫瘍	骨粗鬆症	
	脳卒中	関節疾患	右片麻痺
	高血圧	膝関節症	
	心疾患	圧迫骨折	
	肺疾患	パーキンソン症状	
	腎不全	睡眠障害	
	糖尿病	認知症＊1要確認	
コミュニケーション能力	発語	聴力	
	視力	意思疎通	
排尿・排便	便秘	尿道カテーテル	
	便失禁	ストマ	
	尿失禁		
社会との関わり	近隣交流	外出	
	友人交流	通院	
皮膚の問題	褥瘡	爪	
	痒み		
	浮腫		
口腔状態	口腔衛生	炎症	
	歯	嚥下	
食事摂取	低栄養	脱水	
	栄養バランス	禁止食	
	経管栄養		
居住環境	設備	階段	浴室
	空調	段差	
	衛生面	冷蔵庫内	
特別な状況	ターミナルケア	虐待	
介護力	家族の協力	介護負担	
その他	経済力	喫煙	
	金銭管理	飲酒	
	服薬		

各生活行為を細かく分けて、困難なこと

移動・動作	＊1 中核症状
寝返り	記憶障害
起き上がり	見当識障害
座位	理解力の低下
立位	判断力の低下
歩行	実行機能障害
かがむ	失認
腕が上がる	失行
手指	失語

排泄	便意・尿意 / 脱衣 / 排尿 / 排便 / 後
食事	食べ物を確認 / 道具を持つ（箸 / スプーン / フォーク） / 口に運ぶ / 噛む
入浴	湯はり / 衣類の準備 / 脱衣 / 洗体 / 洗髪 / 入湯 / 身体拭
整容	洗面 / 歯磨き / 整髪 / 髭剃り / 化粧 / 爪切り / 耳そ
掃除	居室の掃除 / かがむ掃除 / キッの掃 / 掃除機 / ほうき / はたき / モップ / 雑巾
洗濯	衣類を選別 / 洗濯機を回す（全自動 / 二槽式） / 取り出す / 運ぶ / 干す / ハンガー等で干す
調理	献立考案 / 食材の確認 / 切る / 加熱（コンロ / IH / レンジ） / 火気管理 / 味
買い物	買い物リストの作成 / 買い物先へ移動 / 店内の移動 / 商品の選択 / 会計 / 袋詰
その他	着衣☆パッドをリハビリパンツに入れる / 着衣☆パッドを押さえながらリハビリパンツをあげる / 着衣☆ズボンをあげる
＊1 BPSD	不安抑うつ / せん妄 / 妄想 / 幻覚錯覚 / 弄便 / 異食 / 徘

80歳	身長 148cm	体重 53kg	BMI 18.78	アセスメント理由 初回・変更・更新	実施日 年 月 日	評価者

に○をつける	現状に関する本人の考え・工夫	サービス提供責任者の評価
始末　着衣☆	トイレには行けるが、パッドがうまく当たらない。現役の運転手のときから寝不足にならないよう心がけていた。日中、元気でいるためにも朝までゆっくり眠りたい。	パッドをつける動きを確認する。手間取ると失禁のリスクがある。 着衣☆について、さらに細かく確認する必要がある。
飲み込む　飲水	箸は使えないが、スプーン等で食べられる。	服薬と食事内容が体調に大きくかかわるため、妻の調理内容を確認し、必要に応じて助言する。
をく　着衣　髪を乾かす	手すりをつけるのは嫌だ。	自宅を傷つけたくないという気持ちもあることから自宅ではなく通所介護で入浴する。
うじ　着替え　上半身　下半身　靴下	歯磨きや髭剃りは時間をかければ何とかできている。爪切りは誰かに頼まないと怖い。1日1回は着替えたいが、時間がかかってしまいイライラする。	整容関係は本人が行っているが、やりきれない部分もある。更衣は本人に行ってもらいながら、やりづらい部分を介助する。 留意事項：着替えづらい動作を介助する。
チン除　浴室の掃除　トイレの掃除　リネン交換　ごみの処理	家事は妻に任せている。	家事は、ほとんどを妻や息子に任せている。現在、大きな問題は現れていないが調理や洗濯、掃除等、ホームヘルパー訪問時に変わった様子がないか、奥様の体調も確認していく必要がある。
取り込む　畳む　収納		
つけ　盛りつけ　食器の出し入れ　配下膳　食器を洗う		
め　品物を持ち帰る　収納　金銭管理		
	ズボンはあげられるが、パッドがねじれてしまい、気持ち悪い。何度やっても、ずれてしまうから、そのまま寝てしまうと、漏れてしまい嫌だ。	ズボンをあげる動作はできるが右手がうまく使えないことでパッドがずれてしまう。トイレに座りながら、パッドを左手でリハビリパンツにつけ、ずれないようにあげる練習をしていく。 留意事項：パッドがずれない工夫をする。
徊　帰宅願望　暴力暴言　介護拒否 ここに挙げた症状は一例です		

サ責のお助けシートから具体的な困りごとの確認

菊野さんは「排泄」と「整容（着替え）」が課題となっています。具体的に何に、どう困っているのか、本人の考え・工夫と合わせて確認していきましょう。

・排泄の困りごとについて

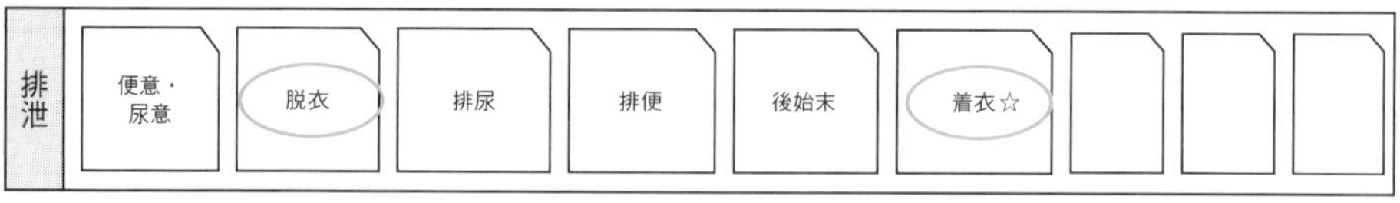

トイレには行けていますが、右手がうまく使えないことで着脱に困難を抱えています。パッドがうまく当たらないようなので、もう少し細かくみてみましょう。

パッドがねじれたままズボンをあげてしまい、気持ち悪いようです。何度やってもずれてしまうからそのまま寝てしまい、漏れてしまうようです。右手がうまく使えなくても、トイレに座りながらパッドを左手でリハビリパンツにつけ、ずれないようにあげる練習をしていこうとサービス提供責任者は評価しました。

「朝まで尿が漏れず就寝できる」という援助目標を達成するために留意事項として「パッドがずれない工夫をする」としました。

・整容（着替え）の困りごとについて

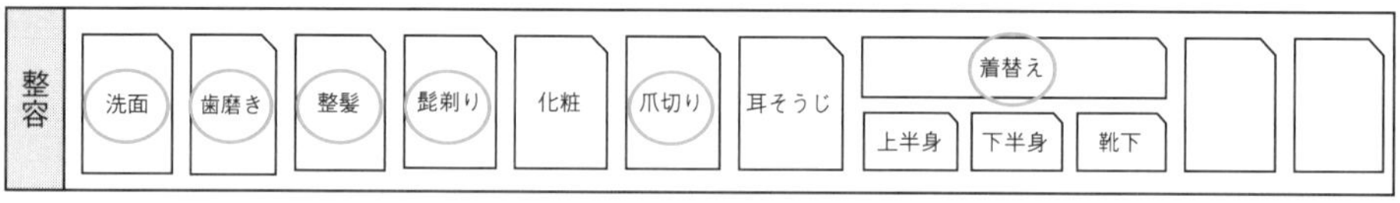

歯磨きや髭剃りは時間をかければ何とかできているようです。爪切りは誰かに頼まないと怖いと話しているため、通所介護で対応します。１日１回の着替えを希望していますが、時間がかかってしまいイライラするということなので、更衣は本人に行ってもらいながら、やりづらい部分を介助していくとサービス提供責

任者は評価しました。

「右手を使い、手間取らず着脱できる」という援助目標を達成するために留意事項として「着替えづらい動作を介助する」としました。

訪問介護計画書

(新規)・更新・見直し・変更（　　）

ふりがな 利用者氏名	菊野《きくの》　和久《かずひさ》　様　(男)・女	生年月日	大正 (昭和)　年　4 月　14 日
住　所		電　話	（　　）
有効期間	年 8 月 26 日～　年 7 月 31 日	事業対象者	要支援 1・2　　要介護 1・(2)・3・4・5
計画作成者		作成年月日	年　6 月　30 日

【目標・期間】

本人及び家族の希望	尿漏れの心配なく、夜は眠りたい		
援助目標	塩分 6g 以下／日の食事が摂れる。	留意事項	食事内容の塩分量の確認。
	朝・夕食後の服薬を忘れずにできる。		服薬の確認、促し。
	朝まで尿が漏れないよう支度し就寝できる。		パッドがずれない工夫をする。
	右手を使い、手間取らず着脱できる。		着替えづらい動作を介助する。

【援助内容】

No.	派遣曜日	(月)・火・(水)・(木)・(金)・土・(日)	派遣時間	20：00 ～ 20：30	：　～　：
	派遣曜日	月・火・水・木・金・土・日	派遣時間	：　～　：	：　～　：
1	サービス区分	サービス内容	所要時間	ケア時の着目点	
	身体介護	サービス準備・様子観察・記録等	5 分	＊日中、元気でいるためにも朝までゆっくり眠れるよう支度する ＊食事内容・服薬の確認、助言	
		排泄介助	15 分		
		更衣介助	10 分		
	合計時間		30 分		

No.	派遣曜日	月・火・水・木・金・土・日	派遣時間	：　～　：	：　～　：
2	サービス区分	サービス内容	所要時間	ケア時の着目点	
			分		
	合計時間		分		

ここまでのポイント！

就寝前の支度をしっかり行うことで尿漏れの心配なく眠ることができます。パッドの装着や右手を使った着脱の練習をすることでホームヘルパーが支援しなくても、１人で就寝前の支度ができる可能性があります。

現在、支障は出ていませんが、妻の体調も確認する必要があります。息子と同居しているものの日中は妻がすべての家事を担っています。家事全般に支障が出た場合、ケアマネジャーに現状を報告し、「同居家族等がいる場合における生活援助について」保険者に照会する必要があることを提案しましょう。

事例7 母として息子のために調理を続けたい利用者の事例

基本情報に関する項目(一部情報を省略しています)							
氏名	小田 賀世子　様	性別	女性	生年月日	年 9 月 27日　生	85 歳	
住所	○○○市	要介護度	1				

家族構成図

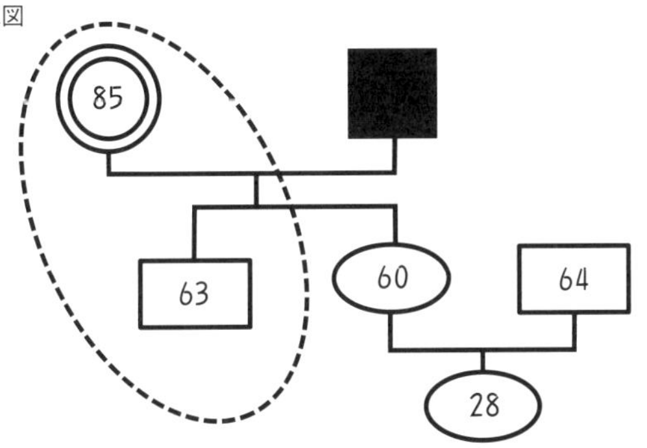

障害高齢者の日常生活自立度	J2
認知症高齢者の日常生活自立度	Ⅱ

服薬状況
糖尿病薬
認知症薬
便秘改善薬
痛み止め湿布薬

既往歴/現病歴	糖尿病(62 歳)
	アルツハイマー型認知症　(82 歳)
	便秘症
	変形性膝関節症(65 歳)
これまでの生活歴	九州出身。専業主婦として生活を支える。子育てのなかで、長男が 10 代で交通事故に遭い、障害を負ったことをつらく思うとともに、たくましく育ってくれたと誇りに思っている。長男にかかりきりで長女にはずいぶん寂しい思いをさせたと思う。今はとても頼りにしている。本人が 80 歳のときに夫を病気で亡くす。以降、長男と 2 人暮らし。そのあたりから多少の認知機能の低下がみられたが生活に目立った支障はない。70 代半ばより変形性膝関節症の痛みにより長時間の歩行、立位が厳しくなってきている。長女(看護師)が隣町に住み、週末来訪している。
主訴	入院したり施設ではなく自宅で暮らし続けたい。親としてできる限り息子の身の回りのことをしてあげたい。おいしいものをたくさん食べさせてあげたい。 最近忘れっぽくなったけれどまだまだできることがたくさんあると思う。
経緯	隣町に住む長女が母の言動に不安を覚え病院を受診させたところアルツハイマー型認知症と診断された。自分は仕事があり支援が難しい。兄の身体のこともあるので先々が心配なのでと居宅介護支援を依頼される。

一日の過ごし方	0	6		12		18		24
		起床 整容 朝食	洗濯掃除	昼食	TVを見る	夕食 入浴	就寝	

課題分析(アセスメント)に関する項目					
健康状態	時々糖尿病の薬の飲み忘れがみられるが、室内での生活にさほどの不自由さを感じていない。膝の痛みに波があり、外出先で転倒したことがある。食事内容・栄養バランスに問題あり。				
ADL評価	室内歩行自立。外出の機会は減っている。過去に転倒したことがあり外出はほとんどしていない。浴室の出入口に段差があり不安なため、長女が訪問時に見守りで入浴している。				
項目	状態	備考	項目	状態	備考
移動手段	独歩	外出はほぼしない	社会との交流	あり	娘や友人と電話で話す。年に2回ほど友人と外出(食事)することがある
立位	自立	長時間は厳しい(痛い)	口腔衛生	問題なし	
座位	自立		認知症	あり	同じ話をくり返すことがある
排泄	自立	便秘気味で時間を要する	問題行動	なし	
入浴	一部介助	長女が来たときに入浴	褥瘡	なし	
更衣	自立		麻痺	なし	
食事	自立		拘縮	なし	
視力	問題なし		介護力	なし	長男は車いすのため身体的介護はできない
聴力	問題なし		特別な状況	なし	
意思疎通	やや問題あり	時々つじつまが合わないことがある	その他		
言語	問題なし				
IADL評価	掃除・洗濯はできている。調理は時々味つけが変わってしまうことがある。 買い物は生協の宅配で済ませ料金は引き落とし。外で買い物をすることはほとんどない。薬の飲み忘れが時々みられる。				
項目	状態	備考	項目	状態	備考
買い物	自立	生協の宅配を利用。同じものを買う傾向がある	服薬管理	一部介助	食前薬を忘れて食後に飲むことがある
調理	一部介助	手順がわからないことがある	金銭管理	問題なし	
掃除	一部介助	浴室、トイレなどかがむ掃除は娘	電話の使用	問題なし	
洗濯	自立	全自動洗濯機	住環境	戸建て	浴室出入口に段差あり
その他	息子の好みの食事になり、糖尿病に配慮した食事とはいいがたい。				

居宅サービス計画書(1)(2)

利用者名	小田 賀世子 様	生年月日	年 9 月 27 日生	初回（○）・紹介・継続	認定済（○）・申請中

要介護状態区分	要介護1（○）・要介護2・要介護3・要介護4・要介護5
利用者及び家族の生活に対する意向	本人：がんばってきた息子のためにおいしい料理をつくってあげたい。物忘れをしてしまうこともあるけれど、まだまだ元気だからできることがたくさんあると思う。 娘：私は忙しくてなかなか手伝いに来れません。兄の世話のために母が無理をしてしまうのではないかと心配です。膝が痛むようでしっかり歩けません。サービスを使いながら2人の在宅生活を支援してほしいと思います。
総合的な援助の方針	息子さんのために母として調理を続けたいお気持ちを大事に支援をします。物忘れや血糖の状態が悪化しないように、食事や服薬の管理を中心に各サービスが連携して支援を実施します。無理をして動いてしまい、転倒など起こらないように必要に応じて移動や移乗などを福祉用具や住環境を上手に活かして実施します。排便のコントロールを含め、健康面での様子観察や助言などを実施していきます。
生活援助中心型の算定理由	1．一人暮らし　②家族等が障害、疾病等　3．その他（　）

生活全般の解決すべき課題（ニーズ）	目標：長期目標	(期間)	目標：短期目標	(期間)	援助内容：サービス内容	※1	サービス種別	頻度
糖尿病や物忘れの状態が悪化しないよう定期的に受診し母としてできることを少しでも続けていきたい。	血糖や体調の悪化を招かずに過ごす。		検査数値の悪化が起きない。		定期的、また必要に応じた通院の介助		家族	必要時
						○	訪問介護	必要時
					健康状態のチェック	○	訪問看護	週1回
					体に負担のない外出をするため車いすの貸与	○	特定福祉用具貸与	毎日
			病状に配慮した食事ができる。		夕食の準備と食生活への助言	○	訪問介護	週4回
					食生活や健康面への助言	○	訪問看護	週1回
			座った姿勢で調理を続けることができる。		ご本人に食生活への助言をしながらともに行う調理 IADLの維持など	○	訪問介護	週4回
膝の痛み等からうまく立ち上がりができないが、転んだら大変だと思うので気を付けたい。	家のなかで転ばずに過ごす。		安全に移動したり、移乗したりすることができる。		ベッド及び付属品、立ち上がるための手すりの活用、室内用杖	○	特定福祉用具貸与	毎日
					膝の痛みに応じた立ち座りの運動や機能訓練を実施	○	通所介護	週2回
今後も日中のトイレに困らないようにしたい。	排便リズムの悪化などを起こさず過ごせる。		排便のコントロールがきちんとできる。		トイレを我慢しないよう声かけの実施。転倒を予防する。	○	訪問介護	週4回
					トイレの移動時の見守り		家族	必要時
					排便状況のコントロール、助言など	○	訪問看護	週1回

※1 「保険給付の対象となるかどうかの区分」について、保険給付対象内サービスについては○印を付す。

事例7 小田さんのアローチャート

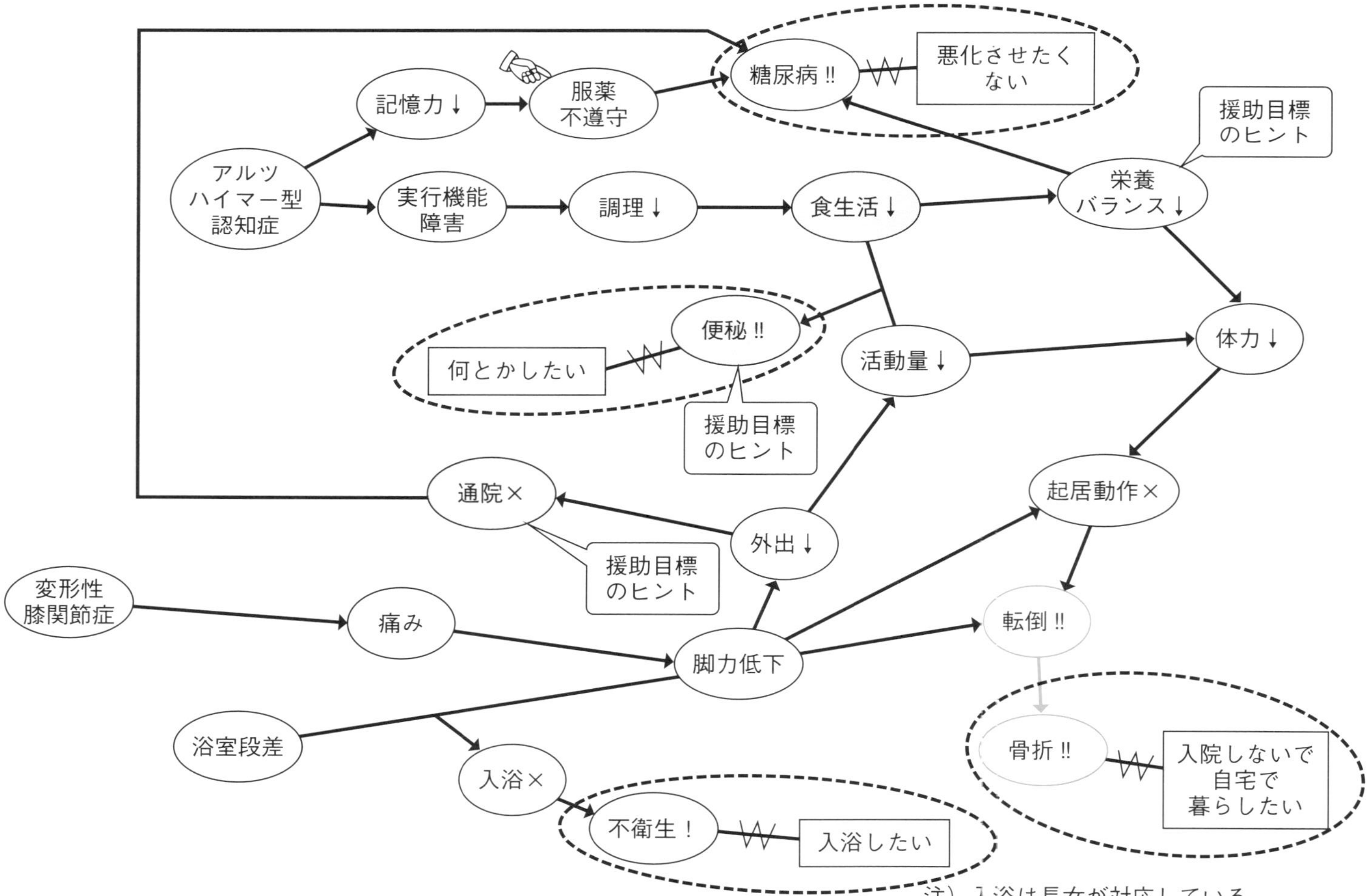

注）入浴は長女が対応している

▶ 小田さんの全体像の確認

小田さんの主たる病気は糖尿病とアルツハイマー型認知症、変形性膝関節症です。アルツハイマー型認知症の初期症状の多くは記憶障害がみられますが、必ずしもその症状がみられるとは限りません。病名をうのみにするだけでなく、小田さんにはどんな認知症状が出ているのか、確実に症状を把握しましょう。

生活歴では10代で交通事故にあった長男の育児や夫の看病にがんばってきた姿が読み取れ、小田さんの「まだまだできることがたくさんあると思う」という主訴と合わせて母としてまだがんばりたいという意欲が読み取れます。総合的な援助の方針にはケアマネジャーが、この先小田さんが料理を続けることができなくなる原因は何かということを分析した結果が示されています。

訪問介護は、小田さんが調理を継続できるように「共に行う調理」の支援方法を検討しましょう。

アローチャートからは、認知症によるIADLの低下、変形性膝関節症の痛みによる脚力の低下が生活に支障をきたしていることがわかります。服薬の不遵守に加え、調理がうまくできず、それにより栄養バランスのよい食事が摂れていないこともわかります。食生活が乱れることにより糖尿病の悪化が懸念されるとともに、便秘を引き起こしている原因の１つになっていることがわかります。糖尿病に配慮した食事の提案をしながら、体力の回復を確認していくことが必要です。

また、体力低下により起居動作にも困難がみられ、福祉用具がケアプランに位置づけられています。日々の生活を観ているホームヘルパーは小田さんが福祉用具を活用できているか確認しましょう。脚力が低下していることと、体力の低下が重なり、転倒の再発リスクを抱えていることがわかります。「兄のために無理をしないか心配です」という長女の言葉にもあるように、息子さんのためにがんばりすぎて骨折などしないよう声かけも必要です。そのため、ホームヘルパーは歩行状態だけでなく室内環境も観る必要があります。不安と言っている浴室の段差はどれくらいなのかも確認しておきましょう。

サ責のお助けシート	利用者氏名	小田賀世子 様	性別	男・女	要介護1 要支援	事業対象者	年齢

現状と着目したい項目

健康状態	悪性腫瘍	骨粗鬆症	
	脳卒中	関節疾患	
	高血圧	膝関節症	痛み
	心疾患	圧迫骨折	
	肺疾患	パーキンソン症状	
	腎不全	睡眠障害	
	糖尿病	認知症＊1要確認	
コミュニケーション能力	発語	聴力	
	視力	意思疎通	
排尿・排便	便秘	尿道カテーテル	
	便失禁	ストマ	
	尿失禁		
社会との関わり	近隣交流	外出	
	友人交流	通院	
皮膚の問題	褥瘡	爪	
	痒み		
	浮腫		
口腔状態	口腔衛生	炎症	
	歯	嚥下	
食事摂取	低栄養	脱水	
	栄養バランス	禁止食	水分不足
	経管栄養		
居住環境	設備	階段	
	空調	段差	
	衛生面	冷蔵庫内	
特別な状況	ターミナルケア	虐待	
介護力	家族の協力	介護負担	
その他	経済力	喫煙	
	金銭管理	飲酒	
	服薬		

各生活行為を細かく分けて、困難なこと

移動・動作
寝返り
起き上がり
座位
立位
歩行
かがむ
腕が上がる
手指
＊1 中核症状
記憶障害
見当識障害
理解力の低下
判断力の低下
実行機能障害
失認
失行
失語

排泄	便意・尿意	脱衣	排尿	排便	後		
食事	食べ物を確認	道具を持つ（箸／スプーン／フォーク）	口に運ぶ	噛む			
入浴	湯はり	衣類の準備	脱衣	洗体	洗髪	入湯	身体拭
整容	洗面	歯磨き	整髪	髭剃り	化粧	爪切り	耳そ
掃除	居室の掃除（掃除機／ほうき／はたき／モップ／雑巾）	かがむ掃除	キッの掃				
洗濯	衣類を選別	洗濯機を回す（全自動／二槽式）	取り出す	運ぶ	干す／ハンガー等で干す		
調理	献立考案	食材の確認	切る	加熱（コンロ／IH／レンジ）	火気管理	味	
買い物	買い物リストの作成	買い物先へ移動	店内の移動	商品の選択	会計	袋詰	
その他							
＊1 BPSD	不安抑うつ	せん妄	妄想	幻覚錯覚	弄便	異食	徘

85歳	身長 156cm	体重 61 kg	BMI 25.07	アセスメント理由 (初回)・変更・更新	実施日	年 月 日	評価者

に○をつける	現状に関する本人の考え・工夫	サービス提供責任者の評価
始末 / 着衣	ゆっくり座れないしトイレまで行く間に転びそうで怖いので時々我慢してしまう。	早めに声かけ。ゆっくり座りトイレ時間の習慣をつけるとよいと思われる。服薬コントロールができているか要確認。
飲み込む / 飲水		口腔衛生や歯に問題はない。トイレが心配で水分を控える傾向がある。
をく / 着衣 / 髪を乾かす	1日おきくらいには入りたいが、出入口に段差があって滑りそうで怖いから入っていない。長女が来たときにだけ手を貸してもらう。	困りごとではあるが長女が対応しており、手すりやシャワーチェアがあれば自身で可能と思われる。
うじ / 着替え / 上半身 / 下半身 / 靴下		
チン除 / 浴室の掃除 / トイレの掃除 / リネン交換 / ごみの処理	台所のシンクのなかは寄りかかりながらやっている。	変形性膝関節症からかがむ動作はできない。つかまりながら片手でできる拭き掃除は可能。お掃除ロボットと紙モップで対応している。風呂とトイレは娘が行っている。
取り込む / 畳む / 収納		全自動洗濯機で乾燥まで。
つけ / 盛りつけ / 食器の出し入れ / 配下膳 / 食器を洗う	息子の好きな焼き肉や揚げ物をつくりたいが、揚げ物はできているものを温めるだけになっている。いつもつくっていたものが時々手順や味つけがわからなくなるので困る。	シンクにもたれかかって行っている。長時間にならないよういすに座ってできることは座りながら行うようにする。使い慣れた調理道具がそろっている。
め / 品物を持ち帰る / 収納 / 金銭管理	外出は控えているから宅配で購入している。長女に頼むこともある。	冷蔵庫内にあるものは宅配で注文した、温めるだけの揚げ物など息子の好きな食材が重複している。
徊 / 帰宅願望 / 暴力暴言 / 介護拒否 / ここに挙げた症状は一例です		

サ責のお助けシートから具体的な困りごとの確認

ケアプランやアローチャートの情報を受けて、小田さんは具体的に何に、どう困っているのか、本人の考え・工夫と合わせて確認していきましょう。

・調理の困りごとについて

小田さんは、認知症による記憶障害と実行機能障害により、献立を考え、適した食材を選ぶことができていません。

電子レンジを使用する際は使い方がわからないので指示が必要になります。糖尿病の悪化を防ぎながら本人の想いを大切にすると、支援時の留意事項で、息子さんの好みを聞きながら糖尿病に配慮した献立を考え調理することが必要です。

また、調理は味つけや食器選びの際には助言が必要であり、ともに調理を行いながら同時に認知機能の確認も必要になります。このように、調理は代行ではなく、声かけにより手続き記憶に働きかけ、小田さん自身が調理をするようにホームヘルパーがケアをするということが大切です。

・排泄の困りごとについて

小田さんの排泄の困りごとは膝の痛みがありトイレまで行くのに時間がかかること、ゆっくりと決まった時間に排便するリズムができていないことが挙げられます。また、トイレに行かなくて済むように水分を控えていることは便秘を悪化させるだけでなく、脱水のリスクにもつながるので改善しなくてはなりません。留意事項として直接的な依頼はなくても服薬状況の確認を行い、食生活を改善しトイレを我慢しないよう声をかけ、排便リズムが整うように促すことが大切です。

・買い物の困りごとについて

依頼はありませんが、アセスメント時には、生活全体をみたときに予後が悪そうなもの、リスクがありそうなものにも着目しましょう。

たとえば、買い物は現在宅配を利用していますが、冷蔵庫を確認すると同じようなものが重複していることがみられます。今後声かけなどで改善がみられない場合には、ケアマネジャーと相談して、宅配の注文書を一緒に確認するなどの支援が必要になることも考えられます。

訪問介護計画書　　新規・更新・見直し・変更（　　）

ふりがな 利用者氏名	小田《おだ》 賀世子《かよこ》　様　男・㊛	生年月日	大正・昭和 年 9 月 27 日
住　所	○○○○　市	電　話	（　　）
有効期間	年　月　日～　年　月　日	事業対象者	要支援 1・2　要介護①・2・3・4・5
計画作成者		作成年月日	年　月　日

【目標・期間】

本人及び家族の希望	がんばってきた息子のためにおいしい料理をつくってあげたい。		
援助目標	持病が悪化しないで暮らせる。	留意事項	息子さんの好みを聞きながら糖尿病に配
	母として食事がつくれる。		慮した献立を考え調理する。
	安心してトイレに行くことができる。		服薬の確認。
			排便リズムがつくように介助と声かけをする。

【援助内容】

No.	派遣曜日	㊊・火・水・㊍・金・㊏・日	派遣時間	11：00 ～ 12：30	：　～　：
	派遣曜日	月・火・㊌・木・金・土・日	派遣時間	10：45 ～ 12：15	：　～　：

No.	サービス区分	サービス内容	所要時間	ケア時の着目点
1	身体介護	サービス準備・様子観察・記録等	5 分	＊安心してトイレで用を足せるよう声かけ・介助（介助後トイレ掃除） ＊息子の好みを考慮しながら糖尿病に配慮したメニューの提案をする ＊調理の動作を確認する。味見をしてもらいながら水分摂取の促し ＊宅配の内容や、食材の在庫確認
		共に行う調理・トイレ介助	85 分	
			分	
			分	
	合計時間		90 分	

ここまでのポイント!

小田さんは自分の糖尿病に配慮した食事より息子の好みの食事をつくりたいという強い想いがあります。そのため調理を共に行うときは、糖尿病の話ばかりでなく息子さんの好みを聞きながら行うことが大切です。

長女が行っていたトイレ掃除は、排泄介助の後片付けとすることで、ホームヘルパーが毎回行うことができます。排泄にかかった時間や排泄物の状態なども確認し訪問看護と情報を共有しましょう。前回の食事の感想を聞いたり、食材の在庫、重複状況などから認知症状の進行なども確認しながら支援しましょう。

事例 8 心疾患を抱えながらも友人と旅行に行きたい利用者の事例

基本情報に関する項目(一部情報を省略しています)						
氏名	那須 はる 様	性別	女性	生年月日	年 9 月 3 日 生	92 歳
住所	○○○市	要支援	2			

家族構成図

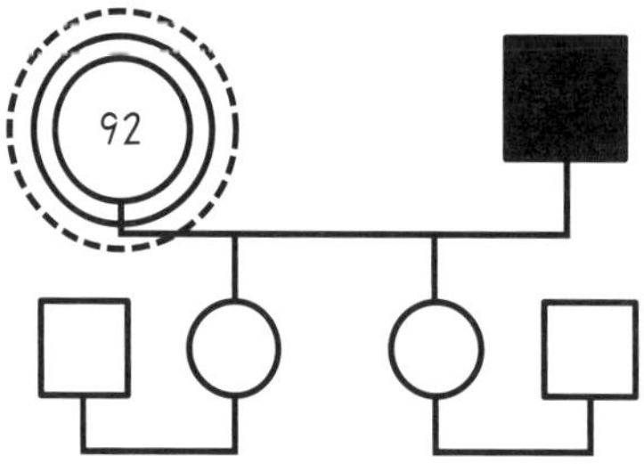

障害高齢者の日常生活自立度	J2
認知症高齢者の日常生活自立度	自立
服薬状況	ACE 阻害薬
	β—遮断薬
	利尿剤
	ビスホスホネート薬（骨粗鬆症改善薬）

既往歴／現病歴	高血圧（70 歳）
	心不全（77 歳）
	腰椎圧迫骨折（91 歳）
	骨粗鬆症（91 歳）
これまでの生活歴	東北出身。幼少期より体調不良の期間が長く、虚弱体質だと思っていた。関東圏にしばらく暮らしていたこともある。夫の介護が必要な時期が長く、1 人でがんばって自宅で看取った。子どもたちからも感謝されている。子どもは 2 人で長女は関西圏、次女は関東圏在住。昨年、腰椎圧迫骨折により入院。自宅に帰っても 1 人で雨戸が開けられない、重たい掃除機がかけられないなど生活に不自由が出たため、1 週間交替で娘たちが支援している。
主訴	1 人暮らしで無理はできないが、筋力を取り戻し無理のない範囲で自分のできることを続けたい。 夫の介護によって出かけられなかった友人との旅行や外食などに行きたいと思っている。
経緯	「次女と 2 人で 1 週間おきに介護に携わったが、それぞれ家庭に事情もありこのままの介護は続けられない」と長女より訪問介護の依頼がある。

一日の過ごし方

0		6			12		18		24
就寝	起床	整容	朝食	買い物 掃除	昼食	散歩	夕食		入浴

課題分析（アセスメント）に関する項目					
健康状態	高血圧により心不全を起こしている。塩分制限あり。昨年腰椎圧迫骨折を起こし入院した際、骨粗鬆症であることがわかった。体に負担のないように過ごすこと。塩分を控えるなど食生活に気をつけるように医師から言われている。				
ADL評価	室内の歩行可。外出時は杖を使用し歩行。寝返り、起き上がり、移乗は自立。労作時の易疲労あり。				
項目	状態	備考	項目	状態	備考
移動手段	歩行	外出時は杖歩行	社会との交流	あり	友人と外出する機会がある
立位	自立		口腔衛生	あり	上下７本ずつ程度の義歯有。硬いものは食べない
座位	自立		認知症	なし	
排泄	自立		問題行動	なし	
入浴	自立	心臓に負担がかからないように半身浴にしている	褥瘡	なし	
更衣	自立		麻痺	なし	
食事	自立	塩分１日６～8g	拘縮	なし	
視力	問題なし		介護力	なし	
聴力	問題なし		特別な状況	なし	
意思疎通	問題なし		その他		
言語	支障なし				
IADL評価	労作時の息苦しさはあるが調理、買い物、金銭管理、電話などは自立。重たい掃除機がけは不可。				
項目	状態	備考	項目	状態	備考
買い物	自立	生協などの宅配 店まで行き配達依頼	服薬管理	自立	
調理	自立		金銭管理	自立	
掃除	一部介助	掃除機は重くてかけられない	電話の使用	自立	
洗濯	自立	大物の洗濯干しには介助が必要	住環境	戸建て	木造の旧家
その他	１人暮らしのため何でも自分でがんばってきた。心不全があるため疲れやすい。 健康に配慮してやりたいことの優先順位を決めるように娘たちから言われているが何ごとも自分１人でがんばる傾向がみられる。				

利用者名　那須 はる　様　生年月日　年 9 月 3 日生

目標とする生活

1日	調理や洗濯、片づけなど、できることは自分で行いたいが、12時までには寝て、睡眠をとる。

アセスメント領域と現在の状況	本人·家族の意欲·意向	領域における課題	総合的課題	課題に対する目標と具体策の提案
運動・移動について 自宅内自立。外出時は杖使用。転倒歴はないが、圧迫刺激で骨折されていることから移動時に留意が必要。	本人：利尿剤を服用してから、トイレが近くなり外出しづらくなった。	課題：筋力低下、動作時の息切れなどで体力低下がみられている。 要因：骨粗鬆症からの圧迫骨折、心不全からくる息切れなどがあり、活動量低下につながっている。	①骨粗鬆症があり、負担のかかる姿勢や転倒が骨折のリスクにつながっている。	①転倒·骨折をしない。 Ⅰ：外出時に転倒の不安がないよう、用具を活用。 Ⅱ：歩行時のふらつきが改善するように定期的にリハビリが行え評価が受けられる。 Ⅲ：骨粗鬆症の治療の継続。
日常生活（家庭生活）について 調理、洗濯は自立。重いものがもてないため買い物は店まで行き配達を依頼。美容院、銀行にはタクシー利用で１人で行かれている。	本人：できることは自分でしながら、自分のペースで生活したいと思っているが、ゆっくりだから、アッという間に夜になってしまう。	課題：買い物、受診などでの外出は介助が必要。 要因：心不全からくる息切れ、安静後の筋力・体力低下。不眠も要因と勘案。	②心不全からの動作時の息切れや睡眠時間が確保できていない等が体力低下を招き、活動のしづらさにつながっている。	②心不全の悪化予防を行う。 Ⅰ：定期受診と服薬の継続。 Ⅱ：塩分を摂りすぎない。 Ⅲ：重たい荷物を運ぶときなど、歩行補助具を活用。 Ⅳ：過労に留意（夜間不眠含む）。 Ⅴ：夜間安眠できる（保温、冷感の改善を図る）。
社会参加、対人関係・コミュニケーションについて １週間ごとに娘さんが交替で泊まり支援。雨戸の開閉など力を入れる動作ができない。定期的に友人に会うのが楽しみであったが、骨折後は行かれていない。	本人：友人達とまた会って話したい。	課題：１人外出に不安有。 要因：転倒の不安と筋力、体力低下からくるふらつきがある。また、利尿剤による頻尿も外出制限となっている。		
健康管理について 心不全、圧迫骨折、骨粗鬆症など、近年いくつも持病があることがはっきりしたと話される。定期受診時は次女が同行。入浴、排泄ともゆっくりではあるが自立。悪化防止のため医療管理が継続的に必要。	本人：受診は続ける。 家族：無理はしないでほしい。	課題：息切れや骨折後の安静時の活動量低下に伴う筋力・体力低下。 要因：心不全進行のリスク・骨粗鬆症。	③筋力・体力を向上させ、歩行時のふらつきを改善し必要な外出ができるようになる。	③近所の買い物や、タクシーで外出するなどの用事がたせる。 Ⅰ：下肢筋力·体幹筋向上訓練と評価が受けられる。 Ⅱ：歩行器の利用で長距離歩行が行える。

健康状態について
□主治医意見書、生活機能評価等を踏まえた留意点

転倒、骨折、移動能力の低下に注意。心不全があり、利尿剤の投与併用。リハビリテーション有効。

【本来行うべき支援が実施できない場合】
妥当な支援の実施に向けた方針

自分の生活のリズムを崩したくない強い気持ちがある。 健康管理のため、医療的ケアを入れたいが本人の意思により今回は見送りとなる。

・支援計画書

初回・紹介・継続	認定済・申請中	要支援1・要支援2	事業対象者

1年	友人と2泊3日の旅行に行く。

具体策についての意向	目標	支援計画			
		目標についての支援のポイント	本人等のセルフケアや家族の支援、インフォーマルサービス（民間サービス）	介護保険サービス又は地域支援事業（総合事業のサービス）	サービス種別
①Ⅰ：歩行器があると安心して1人で散歩や近くへ買い物に行ける。 ①Ⅱ：リハビリへ行き、少し筋力をつけたい。	①転倒・骨折をしない。	①筋力向上訓練、適宜評価を行う。 ②状態に合った歩行器の活用を行い、外出の際の転倒予防が図れる。 ③入浴・室内・外出時の門までの移動などで 転倒しないための手すりの設置・相談。	・自分で意識して足を上げて歩くなど転倒しないように心がける	リハビリの実施、評価を行い情報の共有 福祉用具の活用による転倒予防	通所型サービス 介護予防福祉用具貸与
②先生に相談しながらバランスのよい食事をしたい。	②心不全の悪化に留意する。 負荷をかけすぎない。	①体調・服薬管理、状態観察、生活についての助言など。 ②買い物、掃除、ゴミ捨て、雨戸の開閉、庭の手入れ等の家事支援を行い体力低下を防ぐ。 ③調理の下ごしらえ、掃除など、力を要す家事、時間を要す家事の支援で睡眠時間が確保できる。	・ゴミ捨て、雨戸の開閉は地域のボランティア活動で対応。 前日までに分別したゴミを自分でまとめておく ・塩分に配慮したメニューを考えホームヘルパーに下ごしらえを依頼する	様子観察、診察後の情報共有 調理・掃除の実施 生活動作の確認	主治医 訪問型サービス 通所型サービス 介護予防福祉用具貸与
③一番楽しみにしていた友人に会いに行くことができない。1人で行けるようになるのは、半分あきらめているんですが……。	③近所の買い物やタクシーで外出するなどの用事がたせる。	①外出時の転倒不安を解消するための歩行器の活用。 ②リハビリでふらつきの改善を図り、筋力・体力の向上を図る。 ③歩行器の活用を行い、買い物・散歩等が徐々に行える。	・歩いて近所の買い物に行けるように、体調を整える ・天候を考えて自分でタクシーを呼ぶ	適度な運動の提供 福祉用具活用による歩行の安定 状況に応じて買い物同行 歩行状態の確認	通所型サービス 介護予防福祉用具貸与 訪問型サービス

総合的な援助の方針：生活不活発病の改善・予防のポイント

心不全の悪化予防のため、生活スケジュールの見直しを行っていく。骨粗鬆症があり、負担のかかる体勢や転倒が骨折につながらないよう留意していく。ご本人の望む生活が維持できるよう、必要な筋力・体力を保ちながら、自立度を維持していく。

事例8 那須さんのアローチャート

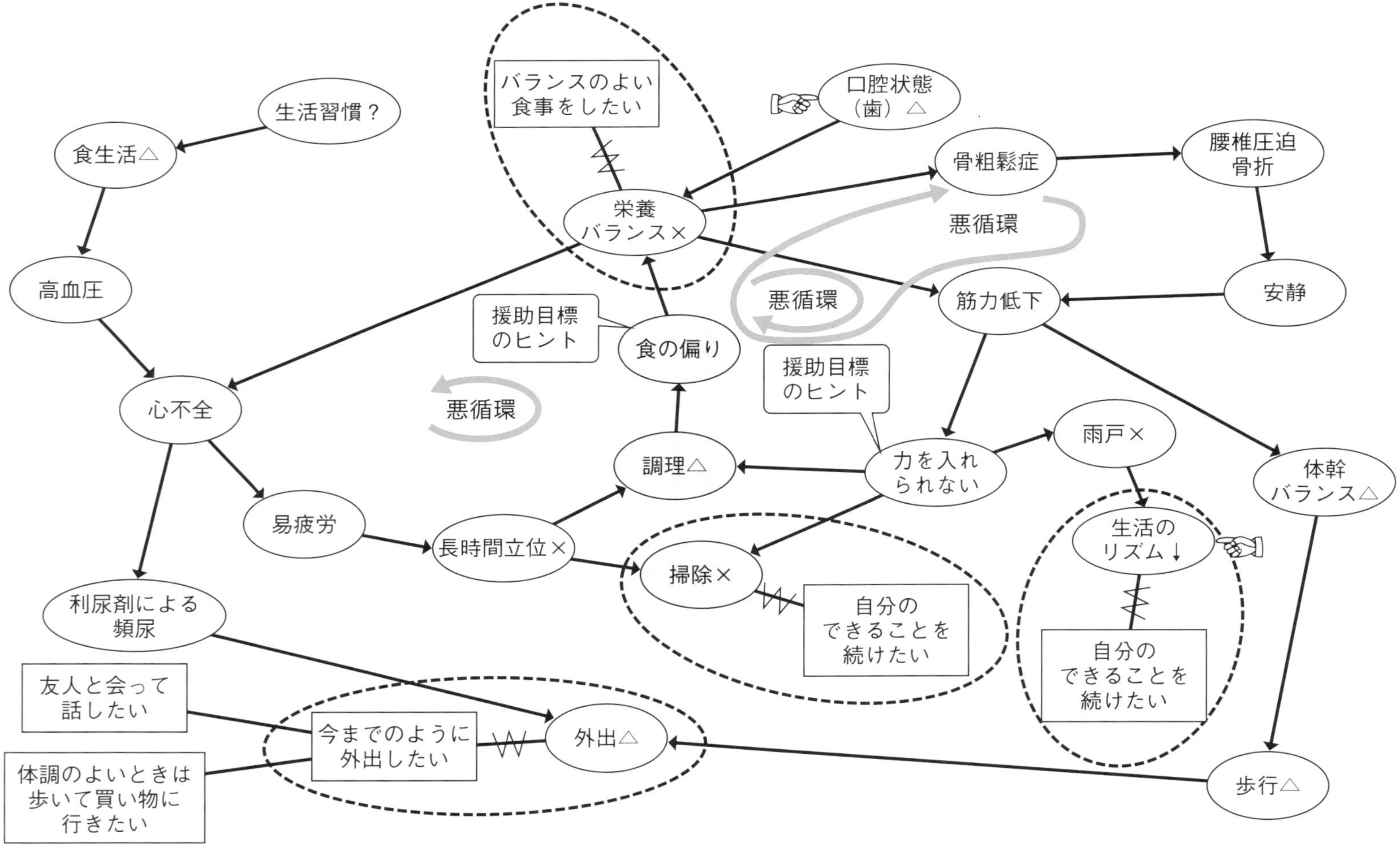

那須さんの全体像の確認

今回の支援の目的は、那須さんの心不全の悪化を防止しながら、転倒骨折しないように弱った筋力を回復し、友人と外出することができるようになることです。

まずは那須さんの基本情報等を確認しましょう。主たる病気は高血圧による心不全、骨粗鬆症が要因である腰椎圧迫骨折です。複数の病名があったときには、1つの疾患が原因で次の疾患を引き起こしていることもあるので疾患同士の関連性を確認しましょう。

身体の動きに大きな問題はありませんが、易疲労があり、家事をこのまま1人でがんばっていれば身体的に大きなリスクがあるということがわかります。福祉用具は活用できているか、外出時の様子、生活動作なども共有しましょう。

那須さんが今後目指す生活を実現するためには、サービス提供責任者は那須さんの今の生活リズムを知っておく必要があります。ところが、予防のプランには介護プラン（居宅サービス計画書）の第3表にあたる表が無いため、1日の過ごし方の把握はケアマネジャーから情報を得るか、聞き取りをして把握しましょう。那須さんは、生活リズムが夜の12時過ぎに寝て朝6時前に起きていることから、睡眠時間の不足がわかります。

アローチャートからは、生活を困難にしている原因が、①心不全からくる症状と、②食の偏りによる栄養バランスの悪さの2つだとわかります。これらはある結果が別の原因になり、またそれが巡り巡って最初の結果の原因になっているという悪循環が起きています（アローチャートの3つの「悪循環」参照）。悪循環があった場合、多くの困りごとの原因となる情報（矢印が多い ⬭）で、改善の見込みがあるものを解決するための本質とみなし、着目します。

那須さんの場合は栄養バランスに着目し食の偏りの改善を目指します。

また、長時間の立位ができないことと筋力の低下によって、掃除ができなくなっています。また、筋力低下により歩く力が衰えているのと、利尿剤の副作用により頻尿という困りごとが生まれ、外出することが困難になっているのがわかります。

サ責のお助けシート	利用者氏名 那須 はる 様	性別 男・女	要介護 要支援2 事業対象者	年齢

現状と着目したい項目

健康状態	悪性腫瘍	骨粗鬆症	
	脳卒中	関節疾患	
	高血圧	膝関節症	
	心疾患	圧迫骨折	
	肺疾患	パーキンソン症状	
	腎不全	睡眠障害	
	糖尿病	認知症＊1要確認	
コミュニケーション能力	発語	聴力	
	視力	意思疎通	
排尿・排便	便秘	尿道カテーテル	頻尿
	便失禁	ストマ	
	尿失禁		
社会との関わり	近隣交流	外出	
	友人交流	通院	
皮膚の問題	褥瘡	爪	
	痒み		
	浮腫		
口腔状態	口腔衛生	炎症	
	歯	嚥下	
食事摂取	低栄養	脱水	
	栄養バランス	禁止食	
	経管栄養		
居住環境	設備	階段	
	空調	段差	
	衛生面	冷蔵庫内	
特別な状況	ターミナルケア	虐待	
介護力	家族の協力	介護負担	
その他	経済力	喫煙	
	金銭管理	飲酒	
	服薬		

各生活行為を細かく分けて、困難なこと

移動・動作
寝返り
起き上がり
座位
立位
歩行
かがむ
腕が上がる
手指

＊1 中核症状
記憶障害
見当識障害
理解力の低下
判断力の低下
実行機能障害
失認
失行
失語

排泄	便意・尿意	脱衣	排尿	排便	後			
食事	食べ物を確認	道具を持つ（箸／スプーン／フォーク）	口に運ぶ	嚙む				
入浴	湯はり	衣類の準備	脱衣	洗体	洗髪	入湯	身体拭	
整容	洗面	歯磨き	整髪	髭剃り	化粧	爪切り	耳そ	
掃除	居室の掃除（掃除機／ほうき／はたき／モップ／雑巾）	かがむ掃除	キッの掃					
洗濯	衣類を選別	洗濯機を回す（全自動／二槽式）	取り出す	運ぶ	干す	ハンガー等で干す		
調理	献立考案	食材の確認	切る	加熱（コンロ／IH／レンジ）	火気管理	味		
買い物	買い物リストの作成	買い物先へ移動	店内の移動	商品の選択	会計	袋詰		
その他								
＊1 BPSD	不安抑うつ	せん妄	妄想	幻覚錯覚	弄便	異食	徘	

92歳	身長 150cm	体重 52kg	BMI 23.11	アセスメント理由 初回・変更・更新	実施日 年 月 日	評価者

に〇をつける	現状に関する本人の考え・工夫	サービス提供責任者の評価
始末 着衣	心臓の回復のために利尿剤が必要なのはわかるけれどトイレが近くて困る。外出したいけどトイレが心配。	本人が過度な水分制限をしないように注意が必要。
飲み込む 飲水	骨も歯ももろくなってきた。歯磨きは丁寧に行っている。	調理の下ごしらえのときに、口腔状況の把握をする必要がある。
をく 着衣 髪を乾かす	半身浴なのでなかなか身体が温まらなくて時間がかかってしまう。	入浴の一連動作に支障はないが、時間がかかるということが睡眠不足の原因の1つだと考えられる。
うじ 着替え 上半身 下半身 靴下		
チン除 浴室の掃除 トイレの掃除 リネン交換 ごみの処理	自分でできるのだけれど、終わると疲れてしまうので、手伝ってもらえるとありがたい。	掃除機をかけることができない。かがむ必要のある床拭きも疲れる。やりたい理由（こだわり）を把握しきちんと負担軽減する。
取り込む 畳む 収納	昔のような手洗いじゃなく洗濯機がやってくれるんだから大丈夫。	大物の洗濯のときは、洗濯機から出し、運び、干すところまでの支援が必要。
つけ 盛りつけ 食器の出し入れ 配下膳 食器を洗う		根菜類などの硬い食材の下ごしらえが必要。基礎疾患に骨粗鬆症があるので栄養についてのアドバイスが必要。 塩分にも注意する。
め 品物を持ち帰る 収納 金銭管理		生協などの宅配や店からの配達を活用しているが、玄関から台所までの距離があるので注意喚起が必要。
徊 帰宅願望 暴力暴言 介護拒否 ここに挙げた症状は一例です		

サ責のお助けシートから具体的な困りごとの確認

那須さんは、家事全般は自分で行えます。しかし意欲はあるものの、全部１人で行った場合には易疲労があるため、力の必要な家事が負担になっていることがわかります。

掃除では重い掃除機かけや、かがむ必要のある雑巾かけも負担があるようです。調理は硬いものを切るような下ごしらえに加え、減塩メニューや味つけの確認の支援が必要なことがわかります。

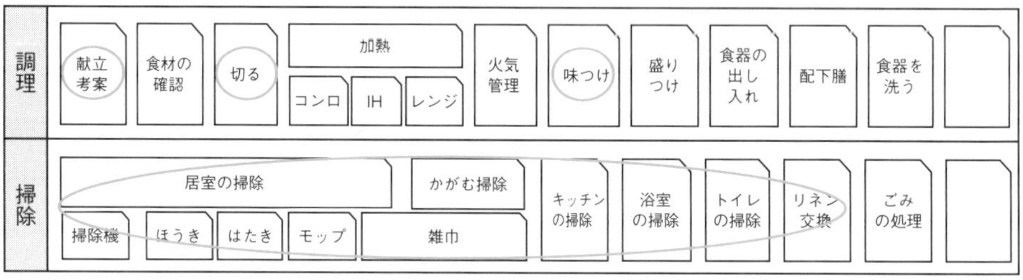

入院により筋力が落ちてしまい、まだ買い物などの長時間の歩行は疲れてしまい不安があるようです。

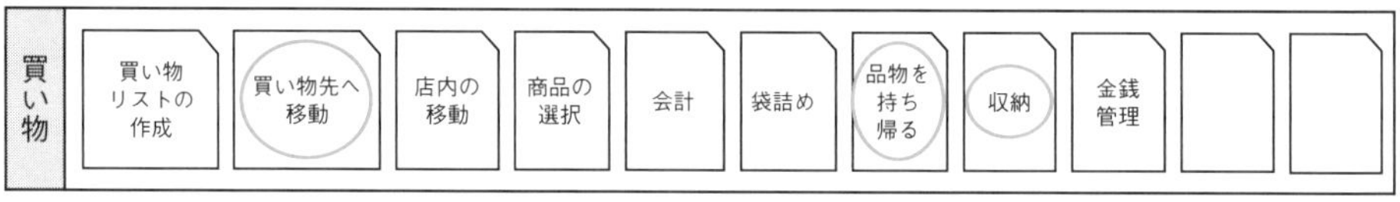

生協などの宅配や、店からの配達を活用していますが、玄関から台所までの距離があるので収納にも支援が必要な場合があります。生協の配達時間に合わせてホームヘルパーの訪問時間を設定するのもよいかもしれません。

しかし、那須さんは自分でなんでもがんばりたい気持ちをもっているため、家事をどの程度ホームヘルパーに任せてもらえるか、どの程度支援すれば「友人と旅行や外食ができる体力」が確保できるのか確認しながら支援する必要があります。

支援時の留意事項として、持病に配慮した食事がとれることがあげられます。筋力を上げるためです。また、負担の大きい家事を代行することで睡眠時間が増えたかどうかも確認していく必要があります。外出時にはトイレの心配がないよう立ち寄れるトイレの場所を確認しておきましょう。那須さんの外出時の安心につながります。外出時の歩行状況を通所型サービスと情報共有することも大切です。

依頼内容にはありませんが、今後のリスクとして洗濯物に着目しておきましょう。日々の細かい洗濯物は別として、リネン交換をした後の大物のシーツや衣替えの時期の大量の洗濯物など、濡れた重い洗濯物を運ぶ作業は心臓の負担になることが考えられます。状態をみながら支援の必要性をケアマネジャーに提案していきましょう。また、予防プランにはケアマネジャーが必要な支援だと分析しても様々な理由により文章としては載らなかった【本来行うべき支援が実施できない場合】というコメント欄があります。内容を把握しておきましょう。

これらを踏まえてケア時の着目点としては、

・塩分に配慮した食事の摂取状況の把握

・栄養を摂って体力がつくように助言

・外出時の歩行状態、トイレ状況を確認

としました。

訪問介護計画書

新規・更新・見直し・変更（　　）

ふりがな 利用者氏名	那須《なす》 はる　様　男・**女**	生年月日	大正・**昭和**　年　9 月　3 日	
住　所		電　話	（　　）	
有効期間	年　月　日～　年　月　日	事業対象者	要支援 1・**2**	要介護 1・2・3・4・5
計画作成者		作成年月日	年　月　日	

【目標・期間】

本人及び家族の希望	筋力を取り戻し、無理のない範囲で、夫の介護によってできなかった友人との旅行や外食などに行きたい。		
援助目標	心不全を悪化させない。負荷をかけすぎない	留意事項	掃除の支援を受けて身体の負担が軽減する
			持病に配慮した食事が摂れる
			家事に費やす時間が減って、睡眠時間が増える
	買い物に行くことができる（天候に応じて）		トイレの心配なく外出できる

【援助内容】

No.				
	派遣曜日	月・火・水・木・**金**・土・日	派遣時間	11：00 ～ 12：00
				：　～　：
	派遣曜日	月・火・水・木・金・土・日	派遣時間	：　～　：
				：　～　：

No.	サービス区分	サービス内容	所要時間	ケア時の着目点
1	訪問型サービス	サービス準備・様子観察・記録等	5 分	＊塩分に配慮した食事の摂取状況の把握 ＊栄養を摂って体力がつくように助言
		掃除・調理	55 分	
			分	
		合計時間	60 分	

No.				
	派遣曜日	**月**・火・水・木・金・土・日	派遣時間	10：30 ～ 11：30
				：　～　：
	派遣曜日	月・火・水・木・金・土・日	派遣時間	：　～　：
				：　～　：

No.	サービス区分	サービス内容	所要時間	ケア時の着目点
2	訪問型サービス	サービス準備・様子観察・記録等	5 分	＊外出時の歩行状態、トイレ状況を確認
		買い物同行	55 分	
		悪天候時　調理・掃除	分	
		合計時間	60 分	

ここまでのポイント！

今回、掃除の援助の最大の目的は部屋をきれいにすることではなく、身体に負担の大きい家事の代行で心不全が悪化することを防止し、睡眠時間を増やし、友人に会うための体力を維持できることです。目的が明確でないと、指示を出すホームヘルパーなどに「友人と旅行ができるほど体力があるのなら、自分で掃除できるのではないか」と誤解されてしまいます。

サービス提供責任者は依頼された行為の目的を正しく理解し、根拠をもって説明ができるようにしましょう。

事例 **9**

肺がん末期を娘の家で過ごす利用者の事例

基本情報に関する項目（一部情報を省略しています）						
氏名	宮内 裕子 様	性別	女性	生年月日	年 1 月 17 日 生	76 歳
住所	○○○市	要介護度	4			

家族構成図

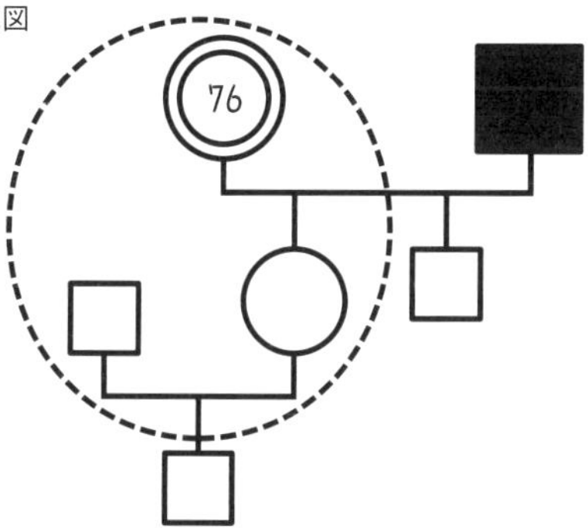

障害高齢者の日常生活自立度	B2
認知症高齢者の日常生活自立度	自立
服薬状況	気管支拡張剤
	医療麻薬
	軟下剤

既往歴／現病歴	肺炎
	肺がん（ステージ 4）
これまでの生活歴	関東出身。親の財産分与の土地をもとに不動産管理運営の仕事を長年行っていた。働きながら子育て、親の介護も行った。料理は嫌いで、夫が料理をしてくれていた。夫が腎不全となり、他界。夫が亡くなった直後から体調を崩し、5年前、誤嚥性肺炎で入院した際、肺がんと診断を受け右肺を摘出する。体を起こすなどの軽度の労作でも呼吸困難感があった。現在少しは慣れてきたがそれでも呼吸苦感はある。今回左の肺にもがんが見つかりステージ 4。積極的な治療はせず退院。長女夫婦と暮らすことになる。
主訴	本人：つらいときに誰かがいてくれる場所で過ごせるのはうれしい。 家では家族に迷惑をかける心配はあるけれど、そこしか行くところがない。 家族：介護が必要な状態の母を施設ではなく自宅に引き取ると決めたが、正直言うと自信はない。母の望みなのでできる限りがんばりたい。できないときは助けてほしい。
経緯	肺炎のため○○病院に入院。検査の結果、がんの転移が見つかる。病院側からは療養病院または緩和ケア病棟に転院を勧められるが、本人と家族が在宅を希望され病院の相談員から依頼を受ける。

一日の過ごし方	
0	
6	起床 朝食
	TV
12	昼食 昼寝 軽食 夕食
18	軽食 DVD鑑賞 就寝
24	

課題分析（アセスメント）に関する項目					
健康状態	肺がんによる終末期。本人の希望により緩和ケア病棟ではなく在宅となる。在宅酸素療法 0.5ℓ。日を追うごとに ADL の低下が否めない。				
ADL評価	移乗介助にて車いすで移動。倦怠感が強い。調子がよいときは配膳にて食事摂取自立（見守りは必要）。				
項目	状態	備考	項目	状態	備考
移動手段	車いす		社会との交流	なし	家に友人が訪ねてくる
立位	不可		口腔衛生	一部介助	磨き残しあり
座位	背もたれで可	背部に痛みがあるため3分程度	認知症	なし	
排泄	全介助		問題行動	なし	
入浴	全介助	労作時の呼吸苦が大きい	褥瘡	なし	側臥位が多いため腸骨に注意
更衣	全介助	労作時の呼吸苦が大きい	麻痺	なし	
食事	一部介助	途中から介助が必要	拘縮	なし	
視力	支障なし		介護力	あり	仕事があるため帰りが遅い
聴力	支障なし		特別な状況		終末期ケア
意思疎通	可	言語	その他	円背と背部痛があり、完全側臥位で過ごすことが多い。	
言語	聞き取りにくい				
IADL評価	つらいときに娘の携帯に電話をすることができる。そのほかは娘が行っている。				
項目	状態	備考	項目	状態	備考
買い物	全介助		服薬管理	全介助	
調理	全介助		金銭管理	全介助	
掃除	全介助		電話の使用	一部介助	
洗濯	全介助		住環境	戸建て	
その他					

居宅サービス計画書（1）（2）

利用者名　宮内　裕子　様　　生年月日　年　1　月　17　日生　　初回・紹介・継続　　認定済・申請中

要介護状態区分	要介護1　・　要介護2　・　要介護3　・　要介護4　・　要介護5
利用者及び家族の生活に対する意向	本人：つらいときに誰かがいてくれる家で過ごせるのはうれしい。家族に迷惑をかけないように自分でできることはがんばりたい。 家族：施設入所ではなく家でと決めたが自信がないところもあるので専門職の人に助けていただきたい。母には痛みや呼吸苦がないように過ごしてほしい。
総合的な援助の方針	医療と介護サービスを受け、ご本人がご家族と家で生活できるよう支援します。福祉用具や在宅酸素療法などお身体がつらくないように過ごせるよう支援します。ご家族の在宅への不安は、医療・各事業所と連携し、相談を受けながら、負担がかかりすぎないよう必要と思われるサービスの提案や調整をしていきます。
生活援助中心型の算定理由	1．一人暮らし　2．家族等が障害、疾病等　3．その他（　　）

生活全般の解決すべき課題（ニーズ）	目標				援助内容			
	長期目標	（期間）	短期目標	（期間）	サービス内容	※1	サービス種別	頻度
娘に迷惑をかけずに娘の家で暮らしていたい。	安心できる娘の家で暮らしていたい。		病気からくる痛みや呼吸苦を抑えて過ごせる。		訪問診療。療養のアドバイス	○	居宅療養管理指導	月2回
					全身状態の観察と助言。在宅酸素療法の管理、服薬管理、緊急時対応	○	訪問看護	週3回
					排泄物・皮膚・食事量の観察、体位変換、服薬介助等	○	訪問介護	週18回
			息苦しさを減らしながら日々の整容や食事ができる。		排泄介助、整容、保清、食事、着替え等、負担の少ない動作の助言、家族の介護方法の相談	○	訪問介護	週18回
動くと苦しいけれど清潔でいたい。	スキントラブルを起こさず過ごせる。		息苦しさを減らしながら保清ができる。		全身状態の観察と助言。保清援助、排泄介助、口腔ケア、療養の相談	○	訪問看護	週3回
					バイタルチェック、入浴介助	○	訪問入浴介護	週1回
床ずれと新たな痛みを招きたくない。	床ずれをつくらず過ごせる。		皮膚・栄養状態を把握し悪化させない。		排泄介助、整容、保清、体位変換、食事、着替え等、負担の少ない動作の助言、家族の介護方法の相談	○	訪問介護	週18回
					起き上がりや移動、食事などの生活動作の負担を軽減するために福祉用具の活用（特殊寝台・特殊寝台付属品、床ずれ防止用具、車いす等）	○	福祉用具貸与	毎日

※1「保険給付の対象となるかどうかの区分」について、保険給付対象内サービスについては○印を付す。

事例9 宮内さんのアローチャート

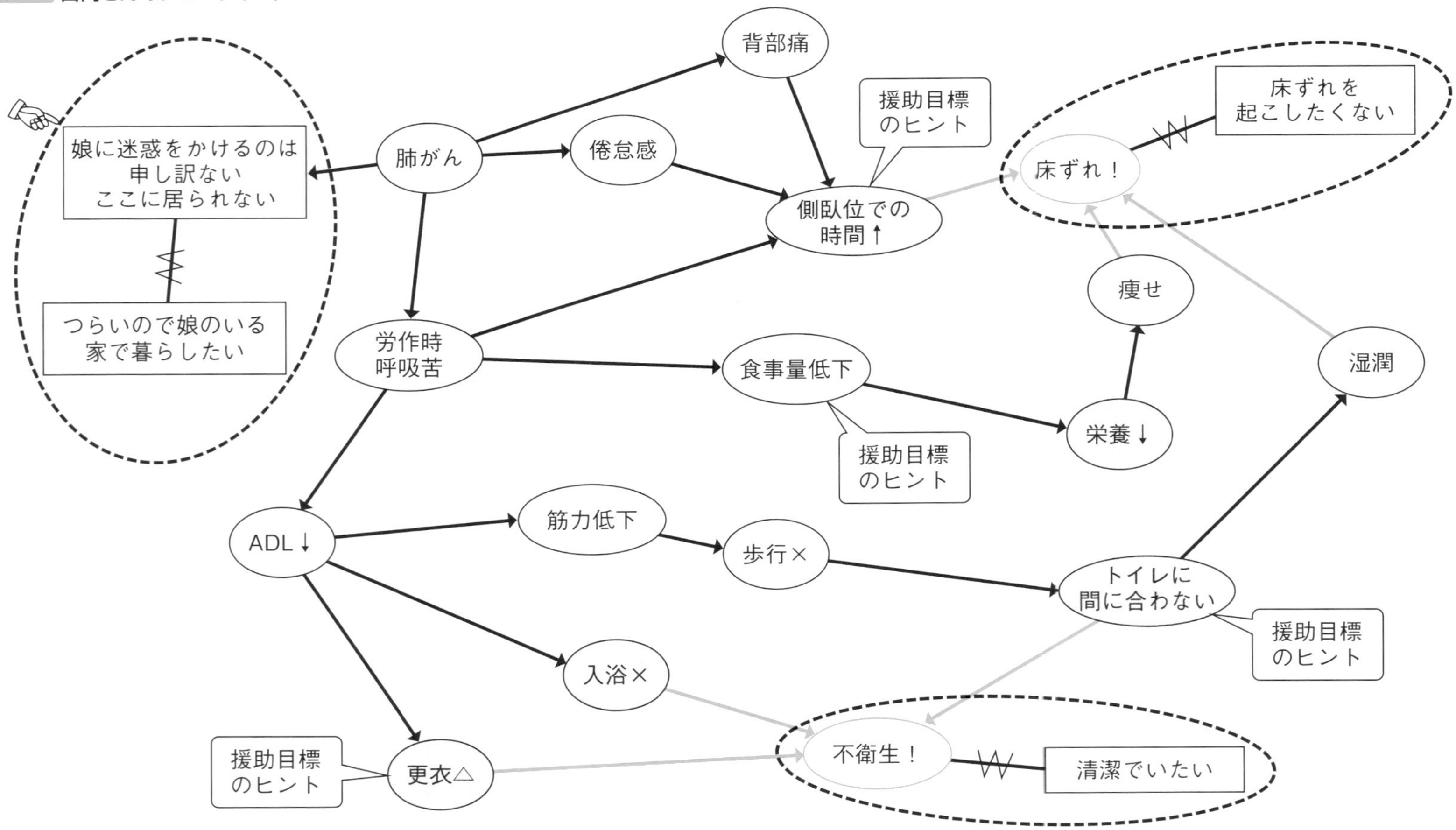

宮内さんの全体像の確認

宮内さんの主たる病気は肺炎と肺がんのステージ４です。ホスピスなどの緩和ケア病棟を選ばず、娘夫婦の家で過ごすことを選択しています。

若いころは、働きながら子育てをして、親の介護もしていました。何事もがんばってきた姿がみえてきます。

主訴にある言葉から娘宅は安心であるけれど、娘夫婦への遠慮と自分に対する不安が見受けられます。また、終末期でかつ、円背による背部の痛みのため、寝ている時間が長く、側臥位で寝ていることが多くなっています。このことから腸骨に褥瘡ができるリスクが高いと考えられます。

終末期ケアの目的の多くは、少しでも苦痛、痛みのない生活を送ることです。ケアのときにはスキントラブルがないかと、１つひとつの労作時の呼吸苦を確認しながら支援することが大切です。

アローチャートからは、生活を困難にしている原因が肺がんからくる労作時の呼吸苦、倦怠感、背部痛だとわかります。また食事のために口に運ぶという動作、飲み込むということで疲れてしまうため、必要な食事量が摂取できていないと思われます。

なかでも、入浴は一番疲労度が高く呼吸苦がみられますが「清潔でいたい」という本人の願いがあります。これと、「床ずれを起こしたくない」というニーズは専門職のチームが直接的に支援します。

「娘のいる家で暮らしたい」というニーズに対して娘さんは、母親の最期を看取ると決めたものの「自信がないところもある」と言っていることから娘さんへの精神的支援も必要なことがわかります。娘さんが在宅で看取ることに限界を感じてしまったら宮内さんの「つらいので娘のいる家で暮らしたい」というニーズはかなえられなくなってしまうからです。

したがって、留意事項の１つとして、娘さんの抱える不安や心配ごとを１つひとつ解決していくことがあげられます。特に終末期の状態は容体が急変することもあり、小さな変化にも留意して生活の全体を把握しておくことが大切です。

サ責のお助けシート	利用者氏名	宮内　裕子　様	性別	男・女	要介護4　要支援　事業対象者	年齢

現状と着目したい項目

健康状態	悪性腫瘍	骨粗鬆症	倦怠感
	脳卒中	関節疾患	
	高血圧	膝関節症	
	心疾患	圧迫骨折	
	肺疾患	パーキンソン症状	背中痛
	腎不全	睡眠障害	
	糖尿病	認知症＊1要確認	
コミュニケーション能力	発語	聴力	
	視力	意思疎通	
排尿・排便	便秘	尿道カテーテル	
	便失禁	ストマ	
	尿失禁		
社会との関わり	近隣交流	外出	
	友人交流	通院	
皮膚の問題	褥瘡	爪	
	痒み		
	浮腫		
口腔状態	口腔衛生	炎症	
	歯	嚥下	
食事摂取	低栄養	脱水	
	栄養バランス	禁止食	
	経管栄養		
居住環境	設備	階段	
	空調	段差	
	衛生面	冷蔵庫内	
特別な状況	ターミナルケア	虐待	
介護力	家族の協力	介護負担	
その他	経済力	喫煙	
	金銭管理	飲酒	
	服薬		

移動・動作
寝返り
起き上がり
座位
立位
歩行
かがむ
腕が上がる
手指

＊1　中核症状
記憶障害
見当識障害
理解力の低下
判断力の低下
実行機能障害
失認
失行
失語

各生活行為を細かく分けて、困難なこと

排泄	便意・尿意	脱衣	排尿	排便	後		
食事	食べ物を確認	道具を持つ（箸／スプーン／フォーク）	口に運ぶ	噛む			
入浴	湯はり	衣類の準備	脱衣	洗体	洗髪	入湯	身体拭
整容	洗面	歯磨き	整髪	髭剃り	化粧	爪切り	耳そ
掃除	居室の掃除（掃除機／ほうき／はたき／モップ／雑巾）	かがむ掃除	キッ の掃				
洗濯	衣類を選別	洗濯機を回す（全自動／二槽式）	取り出す	運ぶ	干す／ハンガー等で干す		
調理	献立考案	食材の確認	切る	加熱（コンロ／IH／レンジ）	火気管理	味	
買い物	買い物リストの作成	買い物先へ移動	店内の移動	商品の選択	会計	袋詰	
その他							
＊1 BPSD	不安抑うつ	せん妄	妄想	幻覚錯覚	弄便	異食	徘

76歳	身長 158cm	体重 38kg	BMI 15.22	アセスメント理由 （初回）・変更・更新	実施日 年 月 日	評価者

に〇をつける	現状に関する本人の考え・工夫	サービス提供責任者の評価
始末 / 着衣	いくら娘でも申し訳ないし情けないと思う。でも仕方がない。	一番娘に申し訳ないと思っていることが排泄介助だとのこと。定期訪問時間以外での排便など、急な排泄時の対応を検討する。
飲み込む / 飲水	できるだけ自分で食べようと思うので、器もスプーンも軽いものにしている。水分はストローよりコップの方が飲みやすい。	自分で食べようと工夫している。介助では、ホームヘルパーが口に入れるのではなく自分で口に運べるための介助を検討する。低栄養のリスクがあるが、食べたいものを少しでも食べられるように促し、食事形態も飲み込みやすいものを娘に助言。
を く / 着衣 / 髪を乾かす	湯船につかると息苦しくなるからあきらめています。手だけでもお湯につかると気持ちがいい。	入浴ができないときは清拭だけではなく、ベッド上で手浴、足浴を行う。
うじ / 着替え / 上半身 / 下半身 / 靴下	足先が冷えるから靴下を履きたいがうまく履けない。手が届かない。	希望により手浴や足浴で対応することを提案。
チン 除 / 浴室の掃除 / トイレの掃除 / リネン交換 / ごみの処理	家族対応	肺疾患があるためリネン交換時などのホコリには注意が必要。必要に応じて部屋を移動していただくなどの配慮を要す。
取り込む / 畳む / 収納	家族対応	
つけ / 盛りつけ / 食器の出し入れ / 配下膳 / 食器を洗う	家族対応	
め / 品物を持ち帰る / 収納 / 金銭管理	家族対応	娘さんが「何かほしいものはない？」と声をかけているが毎回「何もない」との返事に娘さんは寂しそうな表情をされる。娘さんへの遠慮がみられる。
徊 / 帰宅願望 / 暴力暴言 / 介護拒否 ここに挙げた症状は一例です		

サ責のお助けシートから具体的な困りごとの確認

ケアにあたって、まず意識しておくべきことは、宮内さんの気持ちです。

宮内さんは、自分でやらなくてはと思っても、呼吸苦により自分ではできないというあきらめの気持ちがあります。しかし、娘には負担をかけたくないという想いもあり、その想いの間でつらい思いをしていることを理解しながらのケアが大切です。

・食事の困りごとについて

食事について確認してみましょう。食事では器やスプーンを軽いものにして自分で食べようと努力しています。

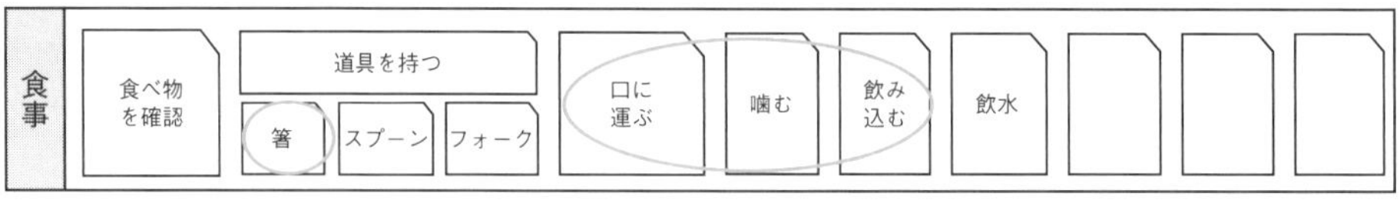

現状に関する本人の考え・工夫	サービス提供責任者の評価
できるだけ自分で食べようと思うので、器もスプーンも軽いものにしている。水分はストローよりコップの方が飲みやすい。	自分で食べようと工夫している。介助では、ホームヘルパーが口に入れるのではなく自分で口に運べるための介助を検討する。低栄養のリスクがあるが、食べたいものを少しでも食べられるように促し、食事形態も飲み込みやすいものを娘に助言。

介助の際はホームヘルパーが口まで運ぶのではなく、できる限り自分で食べられるような食事形態などを娘に助言して、誤嚥性肺炎の再発を避けることも必要です。

・排泄の困りごとについて

排泄では娘に介助してもらうことは避けたいという宮内さんの思いが読み取れます。

現状に関する本人の考え・工夫	サービス提供責任者の評価
いくら娘でも申し訳ないし情けないと思う。でも仕方がない。	一番娘に申し訳ないと思っていることが排泄介助だとのこと。定期訪問時間以外での排便など、急な排泄時の対応を検討する。

・入浴・更衣その他の介助で気をつけることについて

入浴や更衣においては清潔の保持のほかに末梢の冷えの訴えがあります。清拭だけではなくベッド上でできる手浴や足浴を提案することができます。更衣介助、排泄介助の際は床ずれにならないよう、皮膚状態の確認が必要です。

また、ケアをしながら体調に応じて宮内さんの話をゆっくり聴くことで、娘に対する遠慮から直接娘には話さないような本人の想いを聴くことができるかもしれません。残された時間を大切に過ごせるよう傾聴しましょう。

これらを踏まえてケア時の着目点としては、

・息苦しさに配慮したコミュニケーション方法

・行為の１つひとつをゆっくり行い体調を確認

・本人の想いをゆっくり聴く

としました。

訪問介護計画書　　新規・更新・見直し・変更（　　）

ふりがな 利用者氏名	宮内《みやうち》 裕子《ひろこ》　様　男・女	生年月日	大正 昭和　年　1月　17日	
住　所		電　話	（　　）	
有効期間	年　月　日～　年　月　日	事業対象者	要支援 1・2	要介護 1・2・3・4・5
計画作成者		作成年月日	年　月　日	

【目標・期間】

本人及び家族の希望	本人：つらいときに誰かがいてくれる家で過ごせるのはうれしい。家族に迷惑をかけないように自分でできることはがんばりたい。 家族：母には呼吸苦や痛みがないように過ごしてほしい。		
援助目標	呼吸苦や痛みの少ない生活が送れる。	留意事項	易疲労のため1つひとつの動きを確認しな
			がら支援する（体位変換、更衣介助など）。
	床ずれを起こさず過ごせる。		腸骨、肩、耳等側臥位時の接地面に注意。
			娘の不安事項の相談助言をする。

【援助内容】

No.	派遣曜日	月・火・水・木・金・土・日	派遣時間	8：00～9：00	：～：
	派遣曜日	月・火・水・木・金・土・日	派遣時間	17：15～18：15	：～：
1	サービス区分	サービス内容		所要時間	ケア時の着目点
	身体介護	サービス準備・様子観察・記録等		5分	＊息苦しさに配慮したコミュニケーション方法 ＊食事介助など行為の1つひとつをゆっくり行い体調を確認 ＊本人の想いをゆっくり聴く
		起床介助・整容・排泄介助・食事介助など		55分	
				分	
	合計時間			60分	

No.	派遣曜日	月・火・水・木・金・土・日	派遣時間	11：30～12：30	：～：
	派遣曜日	月・火・水・木・金・土・日	派遣時間	：～：	：～：
2	サービス区分	サービス内容		所要時間	ケア時の着目点
	身体介護	サービス準備・様子観察・記録等		5分	＊清拭など行為の1つひとつをゆっくり行い体調を確認
		整容・排泄介助・食事介助・清拭など		55分	
				分	
	合計時間			60分	

ここまでのポイント！

終末期ケアでは容体が急変することがあります。急変時の体制や連絡方法なども確認しておきましょう。

終末期ケアは医療的なケアが中心で、訪問介護の役割に迷う人もいるかもしれません。しかし、今回のように細分化して考えると、介助の工夫や利用者の想いに寄り添うことなど役割はたくさんあることに気づくはずです。

事例10 長年工夫をして生活を継続してきた関節リウマチの利用者の事例

基本情報に関する項目（一部情報を省略しています）

氏名	山崎 淳子　様	性別	女性	生年月日	年 11 月 12 日 生	79 歳
住所	○○○市	要介護度	5			

家族構成図

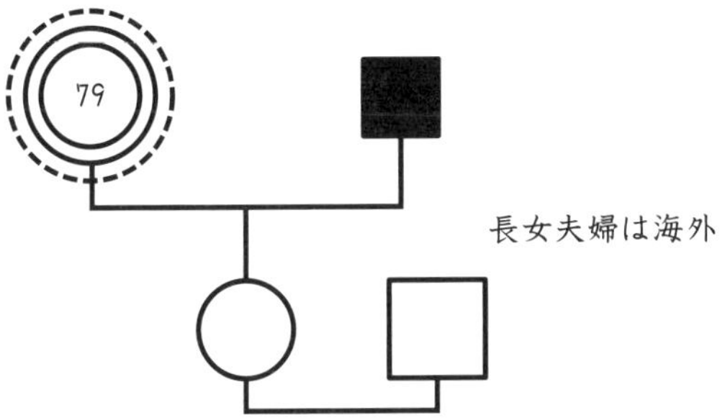

障害高齢者の日常生活自立度	J2
認知症高齢者の日常生活自立度	自立

服薬状況
抗炎症免疫抑制剤
血管拡張剤
神経症害疼痛緩和剤
胃粘膜保護剤

既往歴／現病歴	肺結核（15 歳、18 歳）、関節リウマチ（51 歳）、右足趾形成術（53 歳） 頸椎捻挫（54 歳）、左肘人工関節置換術（59 歳） 腰部脊柱管狭窄症・右耳下腺部粉瘤摘出（60 歳） 左足関節骨折（64 歳）、頸部固定術（66 歳）、左大腿骨頸部骨折（77 歳）、恥骨骨折（78 歳）
これまでの生活歴	関東出身。4 人姉兄の末っ子。両親は韓国人。12 歳で母を亡くし姉達に育てられた。15 歳と 18 歳のときに肺結核となり、青春時代の大半が療養生活となり、高校卒業後はタイピストとして就労。1 男 1 女をもうける。結婚後に美容学校で資格を取り、自宅で美容室を経営。子育てしながら忙しく過ごすが 50 代に関節リウマチを発病し美容室を閉め、5 ～ 6 年クリーニング代理店を営んだ。長男は結婚するも数年で離婚し、その後蒸発し行方不明。長女は後にスウェーデン人と結婚し移住。本人が 58 歳の年、夫が他界し独居生活となる。
主訴	寝たきりにならず、入院もしないで自宅での生活を続けたい。身体的に家事全般が自分ではできないけれど、自分で工夫しながら何とかできる範囲のことは続けていきたい。
経緯	転倒により左足関節骨折、その後も転倒をくり返し 77 歳のとき 左大腿骨頸部骨折により入院 。リハビリを終えて退院後、いろいろ工夫をしてなんとか自分で家事を行ってきた。股関節の可動域制限があり入浴における支援が必要となり、ケアマネジャーより依頼。その後、関節リウマチの進行により生活全般に支援が必要となる。先日尻餅をつき、大事にはいたらなかったが気分の落ち込みが大きい。

一日の過ごし方

0		6			12		18	24
起床	トイレ	整容	朝食	昼食	昼寝	夕食	就寝	

課題分析（アセスメント）に関する項目					
健康状態	頸椎症性脊髄症、腰部脊柱管狭窄症、関節リウマチの診断で通院。頸椎症性脊髄症、腰部脊柱管狭窄症による疼痛、しびれあり。関節リウマチによる全身関節の疼痛、拘縮、変形があり左肩関節は常に亜脱臼状態、首と腰部はコルセットを使用。疼痛などに波があり、それに伴い体調や ADL にも変化がある。				
ADL評価	手指：左手指は自力で全く動かせず、右手も自力で動かせるのは親指だけであり、その親指の力も弱い。寝返り：自力で寝返りできず、常に仰向けで寝ている。亜脱臼状態でつかまることができず、右手を手すり等について壁にもたれかかって保持するが、長い時間は保持できない。				
項目	状態	備考	項目	状態	備考
移動手段	歩行	壁等に右手をつきながら伝い歩き	社会との交流	あり	近隣の人が時折来る
立位	一部介助	ふらつきあり	口腔衛生	自立	電動歯ブラシを使用 十分ではない
座位	一部介助	背もたれや肘かけがあれば可	認知症	なし	
排泄	自立	やむなく自分で行っているが一部介助レベル	問題行動	なし	
入浴	全介助	熱めの湯で関節を温めたい	褥瘡	なし	
更衣	一部介助		麻痺	なし	
食事	自立	自助具使用 水分摂取時むせあり	拘縮	あり	全身の関節が拘縮変形している
視力	問題なし		介護力	なし	娘は海外
聴力	問題あり	左　聴力無し 右　難聴	特別な状況	なし	
意思疎通	問題なし		その他		
言語	問題なし				
IADL評価	ADL 的に自分で生活全般の家事を行うことができず、訪問介護の生活援助を利用している。				
項目	状態	備考	項目	状態	備考
買い物	一部介助	宅配サービス・ホームヘルパー利用	服薬管理	自立	
調理	一部介助		金銭管理	一部介助	日常的金銭管理サービス利用
掃除	ほぼ全介助	しぼった布巾があればテーブルなどは拭くことができる	電話の使用	自立	ワンタッチダイヤルを利用
洗濯	ほぼ全介助		住環境	2階建ての戸建て	1階の寝室とリビングは段差をなくし、手すりも設置
その他	2年前に有料老人ホーム等の見学に行ったが自宅での生活継続を希望。 2階は1人で昇降できず、娘たちが帰省したときに泊まる場所として利用。				

居宅サービス計画書(1)(2)

利用者名　山崎 淳子　様　　生年月日　　年　11 月　12 日生　　初回・紹介・継続（○）　　認定済（○）・申請中

要介護状態区分	要介護１　・　要介護２　・　要介護３　・　要介護４　・　要介護５（○）
利用者及び家族の生活に対する意向	体調を崩さず、転倒にも注意して、寝たきりにならずに自宅での生活を続けたい。身体的に家事全般が自分ではできないので引き続き支援をお願いして、自分で工夫しながら何とかできる範囲のことは続けていきたい。1 人で入浴することができないので、介助してもらい定期的に安全に入浴したい。体調や身体の動きに波があり、1 人暮らしで急なトラブル等もあるので定期のサービス以外にも状況に応じたサポートをお願いしたい。
総合的な援助の方針	頸椎症性脊髄症、腰部脊柱管狭窄症、関節リウマチ等の診断。1 人暮らしで心身ともに大変な状態でありながら、何事も常に前向きに努力されており、施設でなく住み慣れたご自宅で生活を続けたいと希望されています。海外在住の娘さんとも連携を取りながら、体調面や身体機能の変化等に応じて必要な援助を随時検討・調整し、負担の軽減に努め、QOL（生活の質）を維持しながら変わりない在宅生活を過ごしていただけるよう支援します。緊急時には関係機関との連絡を密にし、24 時間安心して過ごせるように支援します。
生活援助中心型の算定理由	①一人暮らし　2．家族等が障害、疾病等　3．その他（　　）

生活全般の解決すべき課題（ニーズ）	目標：長期目標	（期間）	目標：短期目標	（期間）	援助内容：サービス内容	※1	サービス種別	頻度
家事全般ができないが、自分で工夫しながら生活できる。	残存機能を活かしながら自宅で生活することができる。		自分でできる家事を継続できる。		調理、洗濯、買い物等、家事全般の支援	○	訪問介護	週 7 回
					訪問によるごみの収集		公的サービス	週 1 回
			疼痛管理ができる。		医師の医療管理		訪問診療	適宜
					安全に通院できるよう移動及び乗降の介助、送迎	○	通院等乗降介助	通院時
					安全に受診できるよう院内の介助		保険外ヘルパーサービス	通院時
					看護師の療養支援	○	訪問看護	週 1 回
			転倒しないで過ごせる。		掃除、その他日常的な環境整備	○	訪問介護	週 7 回
					サークル歩行器の貸与	○	福祉用具貸与	毎日
熱めの湯につかり痛みを和らげたい。	入浴が継続でき、痛みを軽減して過ごすことができる。		安全に湯船に入れる。		入浴介助、更衣や整容の介助、水分補給、浴室環境整備	○	訪問介護	週 3 回

※1 「保険給付の対象となるかどうかの区分」について、保険給付対象内サービスについては○印を付す。

事例10 山崎さんのアローチャート

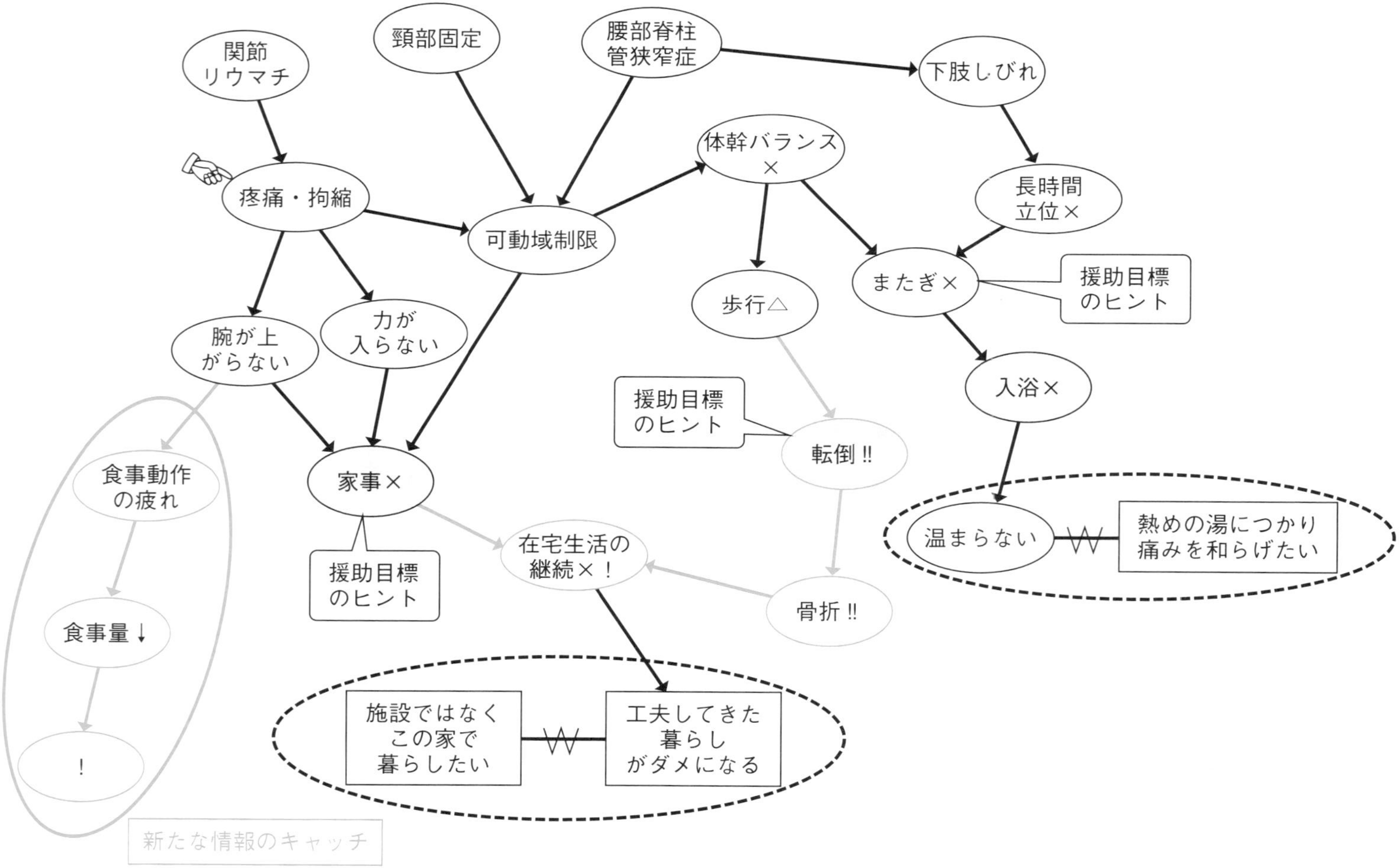

▶ 山崎さんの全体像の確認

山崎さんの主たる病気は関節リウマチです。この病気は進行性の病気です。進行の仕方、今の状態を知っておくと今後の支援の見通しが立てやすくなるので確認しておきましょう。

生活歴をみると、山崎さんは青春時代から苦労し、早い時期から１人暮らしとなりがんばってきたようです。主訴では「自分で工夫しながら何とかできる範囲のことは続けていきたい」とあります。有料ホーム等の見学をしましたが家での生活を希望されたということで、在宅生活に対する覚悟が読み取れます。

ケアプランは新規ではなく更新のケアプランです。病気が少しずつ進行しているなかで、在宅生活を山崎さんなりに工夫して継続してきたのですから、生活援助全般をすべて代行してしまうのではなく、本人が続けたい、できると思っている部分の自立支援が望まれています。この全体の方向性をきちんと把握しておくことがケアプランと連動した訪問介護計画書を作成するために大事な視点となります。

たとえば、「環境整備」は、山崎さんが転倒を繰り返していることから、ただきれいに掃除をするというだけでなく、転倒を引き起こしそうな箇所を確認し本人への注意喚起をするというケアになります。同時に、体の動きやその日の痛みの状況、福祉用具の使い勝手などもその都度確認します。

アローチャートからは、生活を困難にしている原因が関節リウマチからくる数々の身体の動きの不自由さだとわかります。関節リウマチのほか、腰部脊柱管狭窄症、頸部固定術などにより、疼痛、変形拘縮による可動域制限、力が入らない、下肢のしびれがあります。また、脚が上がらないことと片足立ちができないことで、浴槽をまたぐことができず湯船に入ることができません。このような身体状況で１人暮らしのため、生活全般に支援が必要なことがわかります。山崎さんが 40 年近く工夫しながら続けて来た生活を今後も継続するためには、現状の困りごとや新たにキャッチした課題をどうしたらよいか、山崎さんと一緒に考えていくことが大切です。利用者の生活に一番近い視点をもつ訪問介護の役割ともいえます。

サ責のお助けシート	利用者氏名	山崎　淳子　様	性別	男・女	要介護5　要支援	事業対象者	年齢

現状と着目したい項目

健康状態	悪性腫瘍	骨粗鬆症	関節リウマチ
	脳卒中	関節疾患	手足指の変形
	高血圧	膝関節症	腰部脊柱管狭窄症
	心疾患	圧迫骨折	痛み
	肺疾患	パーキンソン症状	痺れ
	腎不全	睡眠障害	拘縮
	糖尿病	認知症＊1要確認	
コミュニケーション能力	発語	聴力	
	視力	意思疎通	
排尿・排便	便秘	尿道カテーテル	
	便失禁	ストマ	
	尿失禁		
社会との関わり	近隣交流	外出	
	友人交流	通院	
皮膚の問題	褥瘡	爪	
	痒み		
	浮腫		
口腔状態	口腔衛生	炎症	顎関節可動域
	歯	嚥下	
食事摂取	低栄養	脱水	
	栄養バランス	禁止食	
	経管栄養		
居住環境	設備	階段	
	空調	段差	
	衛生面	冷蔵庫内	
特別な状況	ターミナルケア	虐待	
介護力	家族の協力	介護負担	
その他	経済力	喫煙	ごみ捨て
	金銭管理	飲酒	
	服薬		

移動・動作
寝返り
起き上がり
座位
立位
歩行
かがむ
腕が上がる
手指

＊1　中核症状
記憶障害
見当識障害
理解力の低下
判断力の低下
実行機能障害
失認
失行
失語

各生活行為を細かく分けて、困難なこと

排泄	便意・尿意	脱衣	排尿	排便	後		
食事	食べ物を確認	道具を持つ（箸／スプーン／フォーク）	口に運ぶ	噛む			
入浴	湯はり	衣類の準備	脱衣	洗体	洗髪	入湯	身体拭
整容	洗面	歯磨き	整髪	髭剃り	化粧	爪切り	耳そ
掃除	居室の掃除（掃除機／ほうき／はたき／モップ）	かがむ掃除（雑巾）	キッ の掃				
洗濯	衣類を選別	洗濯機を回す（全自動／二槽式）	取り出す	運ぶ	干す（ハンガー等で干す）		
調理	献立考案	食材の確認	切る	加熱（コンロ／IH／レンジ）	火気管理	味	
買い物	買い物リストの作成	買い物先へ移動	店内の移動	商品の選択	会計	袋詰	
その他							
＊1 BPSD	不安抑うつ	せん妄	妄想	幻覚錯覚	弄便	異食	徘

79歳	身長 155cm	体重 42kg	BMI 17.5	アセスメント理由 初回・変更・(更新)	実施日 年 月 日	評価者

に○をつける	現状に関する本人の考え・工夫	サービス提供責任者の評価
始末　(着衣)	できる限り他人の世話にはなりたくない。	衣類の着脱に時間を要すために時々汚してしまう。慌ててしまいトイレで転倒したことがある。特に朝の体が硬いときには注意が必要。
飲み込む　(飲水)	歯ごたえのある「食事」がしたい。最近は自助具で口に運ぶまでに疲れてしまう。	楽しむための食事と、栄養の確保のための食事の違いを伝えつつ摂取量と栄養の把握の必要がある。食べやすく栄養価の高い食事の提供。体重が1kg減ったとの情報あり。
をく　(着衣)　(髪を乾かす)	股関節が開かないので浴槽がまたげない。回転盤を使っていたがバランスも悪くなり怖いので手伝って欲しい。熱めの湯で温まると痛みが和らぐので、本当は毎日入りたい。	美容師だったのでシャンプーの仕方にこだわりあり。浴室は滑りやすいうえ、足底面が床にしっかりつかず転倒しやすいので細心の注意が必要。熱めの湯温が希望のため浴室から出るときの室温差にも注意。
うじ　着替え　(上半身)　下半身　靴下	電子レンジでホットタオルをつくり自分で顔を拭いている。歯磨きは電動ブラシを使用している。ドライヤーをかけてもらったら、整髪は自分で行う。他者には任せたくない。	現状では問題ないが、今後歯磨きの不十分さによる口腔内トラブルに注意が必要。
チン除　浴室の掃除　トイレの掃除　リネン交換　ごみの処理	自分が食べる食卓ぐらいきれいに拭きたい。布巾をしぼっておいてほしい。	ほぼ全介助。本人の自分で行いたい気持ちを尊重。
取り込む　畳む　収納	シーツなどの大物は室内干しをしたくないので天気のよい日に行ってほしい。	タオルや衣類の収納時は、本人が取り出しやすいように丸めて縦にしまう。本人に場所を確認しながら収納する。
つけ　(盛りつけ)　(食器の出し入れ)　配下膳　(食器を洗う)	食べたいものがつくれないのは残念です。温めはできるのでホームヘルパーさんにつくってもらえてうれしい。食べっぱなしで申し訳ないと思っています。	盛りつけは自助具で食べやすいように配慮。保存タッパーの蓋は、本人が開けやすいように必ず1箇所浮かしておく。冷蔵庫内の上段には手が届かない。
め　品物を持ち帰る　収納　金銭管理	今はネットでの宅配もあるから基本的には困っていない。急にサンドウィッチが食べたくなったら隣のコンビニで買ってきてほしい。	栄養価が高く飲みこみやすい食事、食材の提案、助言。
徊　帰宅願望　暴力暴言　介護拒否　ここに挙げた症状は一例です		

サ責のお助けシートから具体的な困りごとの確認

・調理の困りごとについて

山崎さんは、腕が上がらない、力が入らないことが原因で、包丁をもって食材を切ること、フライパンなどの道具を使って調理することなど、調理という動作の大半に支障をきたしています。

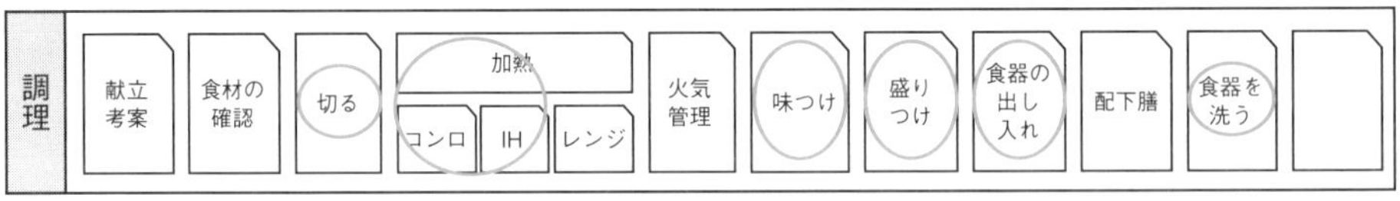

一方で、調理の献立を考えたり、必要な食材を注文したりすることはできます。調理という一連動作のなかのできない部分はどこなのかを明確にすることで自立支援の視点でケアを行えるのです。

・新たな情報（食事）の困りごとについて

日々活動しているホームヘルパーが訪問したときやサービス提供責任者がアセスメントをしたときに、「最近は食事をするのが疲れてしまう。体重が1kg減った」と、今までにない新たな情報をキャッチすることがあります（アローチャート図　）。これは食事の摂取量が減っていることが考えられます。したがって、この先のリスクを回避するために食事についての一連動作を細分化して確認する必要があります。

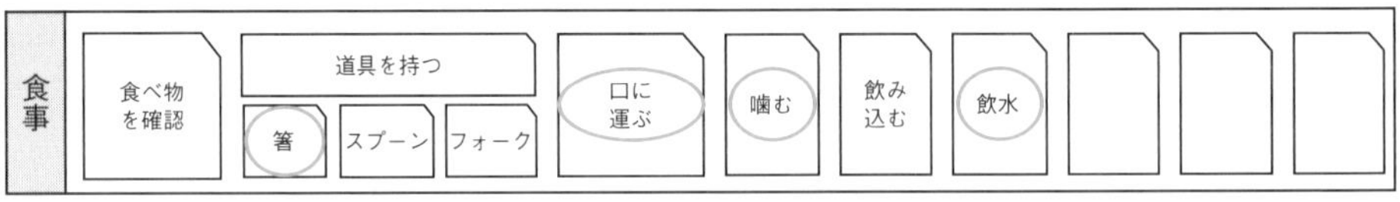

山崎さんはお箸をもつことはできませんが自助具のスプーンやフォークで食べることができています。しかし「口に運ぶまでに疲れてしまう」という訴えがあるので、食事をするときの食べ物をスプーンで口に運び、飲み込むまでの動作を細分化して確認してみましょう。

現状に関する本人の考え・工夫	サービス提供責任者の評価
歯ごたえのある「食事」がしたい。最近は自助具で口に運ぶまでに疲れてしまう。	楽しむための食事と、栄養の確保のための食事の違いを伝えつつ摂取量と栄養の把握の必要がある。食べやすく栄養価の高い食事の提供。体重が1kg減ったとの情報あり。

タッパーに入った食事を冷蔵庫から出し、電子レンジで温め食卓に運び、タッパーの蓋を開けます。次に、1　スプーンをもつ、2　スプーンに食品を乗せる、3　食品をこぼさないように口元の高さまで腕を上げる、4　手首を返しスプーンの先を口に向ける、5　口を開ける、6　口の中に食品を入れる、7　噛む、8　飲み込む、という流れです。

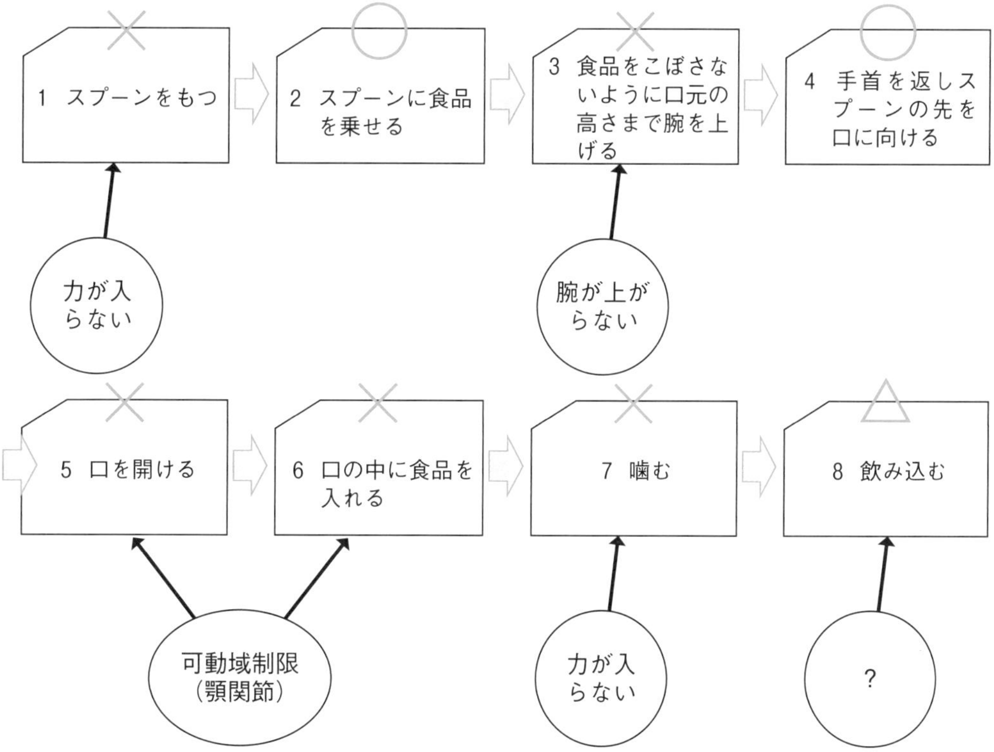

これに対する対策を考えてみましょう。

1　スプーンは今までより軽いものを選びます。

2　スプーンに食品を乗せるとき、平らなお皿だと食品が滑ってスプーンに乗せることができません。食器の縁に返しがついているなどの食器を使用しています。

3　腕が上がりにくいことから食器を乗せる台などで食器の高さを工夫します。

4　山崎さんは手首を返すことができないので先の曲がった自助具を活用しています。

5　顎関節にも制限があるため口が開きにくくなってきたことも考えられます。

6　食品は今までより小さく薄く切らないと口に入れることができないのかもしれません。

7　食品の大きさや硬さにより噛みにくさがあると、時間がかかり疲れてしまいます。

8　嚥下力の確認が必要です。

このように何気なく行っている動作ですが、細分化してみると山崎さんの食事摂取という行為のどこが困っているのか、困り具合や手順に変更が必要かどうかがみえてきます。これが訪問介護の支援サイクル（第２章５参照）です。

山崎さんの「口に運ぶまでに疲れてしまう」という情報をキャッチしたことから、行為を細分化して情報・問題の分析をして「道具を軽くする・食材を薄く切る」などのケア方法の工夫をします。そして、指示書などの手順の変更をした後、調理を実施し、山崎さんの食事摂取量は増えたのか評価します。調理するという大きな目的にむけて、小さなサイクルを回しているのです（図３-１）。

入浴、調理など他の行為においても同様です。

図3-1

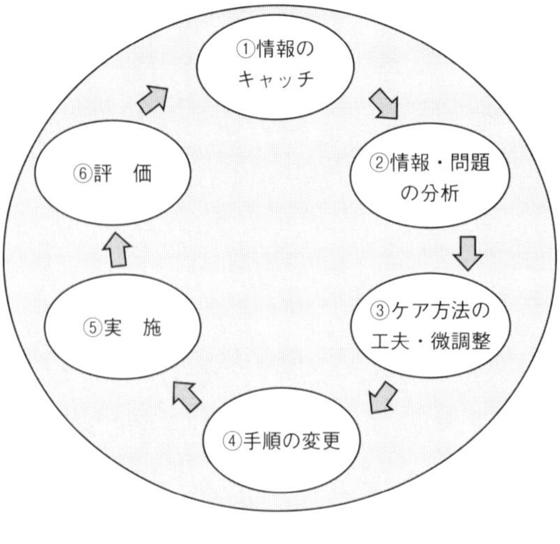

・利用者の要求は「願い」の表れ

山崎さんの生活は誰かの支援なしには成り立ちません。しかし、できる限り自分でやりたいという想いから山崎さんの生活の工夫が多くみられます。たとえば、利用者から「タンスの引き出しを2cm開けておいてほしい」とか、サラダのトマトのスライスは5mmの厚さに切ってほしい」等と細かくいろいろな指示が出ると、**「こだわりの強い面倒くさい利用者」「細かい指示をいろいろと出してくる口うるさい利用者」**などと思うことはありませんか？

これはわがままな要求を細々と出しているわけではなく、**自分で自分のことを行いたいという利用者（山崎さん）の願いの表れ**です。なぜなら、ホームヘルパーが帰った後、食事のときにタッパーの蓋がピッチリと閉まっていたら、変形して指に力の入らない山崎さんは蓋が開けられず、食事を摂ることができません。ホームヘルパーは専門職として、これら利用者の「願い」を敏感に感じ取り、その真意を理解したうえでケアにあたる必要があります。

ホームヘルパーは1日24時間のなかのわずかな時間しか山崎さんを支援することはできず、残りの時間を山崎さんは自分の工夫と自分の力で生活していかなくてはなりません。そのため**生活行為の多くにいろいろな配慮が必要**になるのです。

これらを踏まえてケア時の着目点としては、

・関節の可動域、痛み、などの把握

・シャンプー時の指の使い方

・握力や指の力に配慮した収納

・食材の切り方や硬さの確認

・転倒危険箇所の除去。注意喚起

としました。

訪問介護計画書　　新規・更新・見直し・変更（　　）

ふりがな 利用者氏名	山崎《やまざき》淳子《じゅんこ》　様　男・㊛	生年月日	大正・昭和　年　9月　3日	
住所		電話	（　　）	
有効期間	年　月　日～　年　月　日	事業対象者	要支援 1・2	要介護 1・2・3・4・⑤
計画作成者		作成年月日	年　月　日	

【目標・期間】

本人及び家族の希望	できるだけ他人に頼らず、自分でできることを自分のペースで行い、生活していきたい		
援助目標	痛みに応じて身の回りのことが自分でできる	留意事項	体力維持に必要な食事摂取量の確認
	転倒しないで生活できる		物品は手の届くところで取り扱いできるように配慮する
	身体の痛みが和らぐ		動線の確保とバランスを崩しやすい動作時の注意声かけ
			保清のほか、十分に身体が温まる湯温に留意する

【援助内容】

No.	派遣曜日		派遣時間		
	派遣曜日	㊊・火・水・木・金・㊏・日	派遣時間	16：00 ～ 17：00	：　～　：
	派遣曜日	月・火・㊌・木・金・土・日	派遣時間	16：30 ～ 17：30	：　～　：
1	サービス区分	サービス内容	所要時間	ケア時の着目点	
	身体介護	サービス準備・様子観察・記録等	5分	＊関節の可動域、痛みなどの把握 ＊シャンプー時の指の使い方	
		入浴介助全般	55分		
			分		
		合計時間	60分		

No.	派遣曜日		派遣時間		
	派遣曜日	㊊・㊋・水・木・㊎・㊏・㊐	派遣時間	11：00 ～ 12：00	：　～　：
	派遣曜日	月・火・㊌・㊍・金・土・日	派遣時間	11：20 ～ 12：20	：　～　：
2	サービス区分	サービス内容	所要時間	ケア時の着目点	
	生活援助	サービス準備・様子観察・記録等	5分	＊握力や指の力に配慮した収納 ＊食材の切り方や硬さの確認 ＊転倒危険箇所の除去、注意喚起	
		調理、洗濯、掃除、環境整備等	55分		
			分		
		合計時間	60分		

ここまでのポイント!

山崎さんの場合、依頼された生活援助における支援の目的は、代行ではなく、できない部分だけを支援し、山崎さんが自分で行いやすいように配慮をすることです。ホームヘルパーが生活の変化にいち早く気づき、細かな配慮や工夫をすることで、進行していく疾患に適切な対処ができるよう、訪問介護のチームのなかで情報共有していくことが大切です。

サ責のお助けシート	利用者氏名	様	性別	男・女	要介護	要支援	事業対象者	年齢	歳	身長	cm	体重	kg	BMI	アセスメント理由	初回・変更・更新	実施日	年 月 日	評価者

現状と着目したい項目

健康状態	悪性腫瘍	骨粗鬆症	
	脳卒中	関節疾患	
	高血圧	膝関節症	
	心疾患	圧迫骨折	
	肺疾患	パーキンソン症状	
	腎不全	睡眠障害	
	糖尿病	認知症＊1 要確認	
コミュニケーション能力	発語	聴力	
	視力	意思疎通	
排尿・排便	便秘	尿道カテーテル	
	便失禁	ストマ	
	尿失禁		
社会との関わり	近隣交流	外出	
	友人交流	通院	
皮膚の問題	褥瘡	爪	
	痒み		
	浮腫		
口腔状態	口腔衛生	炎症	
	歯	嚥下	
食事摂取	低栄養	脱水	
	栄養バランス	禁止食	
	経管栄養		
居住環境	設備	階段	
	空調	段差	
	衛生面	冷蔵庫内	
特別な状況	ターミナルケア	虐待	
介護力	家族の協力	介護負担	
その他	経済力	喫煙	
	金銭管理	飲酒	
	服薬		

各生活行為を細かく分けて、困難なことに○をつける

移動・動作
寝返り
起き上がり
座位
立位
歩行
かがむ
腕が上がる
手指
＊1 中核症状
記憶障害
見当識障害
理解力の低下
判断力の低下
実行機能障害
失認
失行
失語

排泄	便意・尿意	脱衣	排尿	排便	後始末	着衣									
食事	食べ物を確認	道具を持つ	箸	スプーン	フォーク	口に運ぶ	噛む	飲み込む	飲水						
入浴	湯はり	衣類の準備	脱衣	洗体	洗髪	入湯	身体を拭く	着衣	髪を乾かす						
整容	洗面	歯磨き	整髪	髭剃り	化粧	爪切り	耳そうじ	着替え	上半身	下半身	靴下				
掃除	居室の掃除	掃除機	ほうき	はたき	モップ	かがむ掃除	雑巾	キッチンの掃除	浴室の掃除	トイレの掃除	リネン交換	ごみの処理			
洗濯	衣類を選別	洗濯機を回す	全自動	二槽式	取り出す	運ぶ	干す	ハンガー等で干す	取り込む	畳む	収納				
調理	献立考案	食材の確認	切る	加熱	コンロ	IH	レンジ	火気管理	味つけ	盛りつけ	食器の出し入れ	配下膳	食器を洗う		
買い物	買い物リストの作成	買い物先へ移動	店内の移動	商品の選択	会計	袋詰め	品物を持ち帰る	収納	金銭管理						
その他															
＊1 BPSD	不安抑うつ	せん妄	妄想	幻覚錯覚	弄便	異食	徘徊	帰宅願望	暴力暴言	介護拒否					

ここに挙げた症状は一例です

現状に関する本人の考え・工夫	サービス提供責任者の評価

本シートはダウンロードすることができます。
巻末（執筆者一覧のページ）のURLよりアクセスしてください。

参考書籍紹介

本書ではアローチャートについて簡単にご紹介しました。このアローチャートや、訪問介護計画書を作成するにあたり重要性を何度も強調したアセスメントについては、その理解をより深めてくれる優れた既刊本が出されています。

「アローチャートやアセスメントについてもっと理解を深めたい！」という方は是非参考にしてみてください。

アセスメントとアローチャートをもっと詳しく！

本書で用いたアローチャートは、アセスメントをしやすくするために、様々な使い方のルールやコツがあります。それを詳しく説明してくれるのがこの本。

アローチャートは自分の思考を見える化するものなので、これを描くことをとおして、多くの人が陥りがちな自らのアセスメントの思考のクセを教えてくれたり、ケアプランを書くまでの過程をロールプレイで学べたりできます。

ケアマネジャーのアセスメントを主眼に置いた本書ですが、アセスメントの基本は訪問介護もケアマネジャーも同じ。実務の役に立てることができるでしょう。

●アセスメントに自信がもてる！アローチャートガイド　ケアマネジャーの羅針盤

●監修＝吉島豊録／著者＝石田英一郎、色部恭子、大羽孝児、坂本文典

●定価　本体 2,200 円（税別）、B５判、214 頁

アローチャートの実際の使い方やケアプランをもっと詳しく！

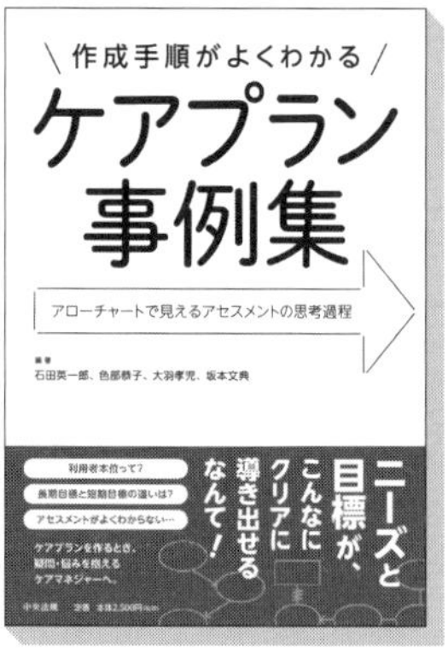

アローチャートにかかわらず、知識・技術は使わなければ定着しません。この本は13の事例をとおして、アローチャートやアセスメントの知識・技術を現場でどう活かして（描いて）いくのかを学べます。そして、それをもとにしたケアプランの書き方がわかります。前出の本がアローチャートの基本だとしたら、この本はアローチャートの応用版です。

事例に入る前にアローチャートの使い方をパラパラと頁をめくるだけでわかるような項目が設けられているので、「いまいち描き方がわからない」という方にもおすすめ。

ケアマネジャーの事例集ですが、この本を読むと、アローチャートやアセスメントを実践的に取り入れられるようになるほか、ケアプランの理解や、ケアマネジャーがどのようにしてケアプランを作成しているか理解を深めることができます。本書でもその重要性をお伝えした「ケアプランとの連動」にも大変役立つ内容です。

●作成手順がよくわかる　ケアプラン事例集　アローチャートで見えるアセスメントの思考過程

●編著＝石田英一郎、色部恭子、大羽孝児、坂本文典

●定価　本体2,500円（税別）、Ｂ５判、250頁

おわりに

とある地域のサービス提供責任者の会議でのできごとです。

終わり間際、行政職員から「ほかに何かご意見は？」と問われると、「この街を『ホームヘルパーが働きたいと思う街No.1』にしたいと思う」と話したサービス提供責任者がいました。

すると他の参加者からは「自分たちのケアは本当に役に立っているのか不安になるときもある」「でも、ケアプランによってはホームヘルパーに何を期待しているのかわからないものもある」「ケアマネジャーがちゃんとホームヘルパーの役割を考えてほしい」「そうそう」……といった愚痴にも似た話が矢継ぎ早に出てきました。

それを聞いていた行政職員はこう言いました。

「では、今度ケアマネジャーと合同で研修をやってみたらどうでしょう？」

ですが、最初に発言をしたサービス提供責任者が「その前に、私たちがきちんとケアプランを読み込めているのだろうか」そして「本当にご利用者に添った訪問介護計画書を書けているのだろうか」と疑問を投げかけました。すると、皆一様に「……」。

ホームヘルパーは在宅介護の「要」であると言われる反面、ホームヘルパーに専門性があるのかと疑念をもたれることがあります。

そのホームヘルパーのリーダーとなりサービスの方針や方法を組み立て、指導や教育を行い、質の高いサービス提供を実践するために『サービス提供責任者』が存在しています。

しかし、サービス提供責任者に向けたスキルアップの研修はほとんど体系化しておらず、現場での実践の積み重ねや個人的な努力にゆだねられています。

そのなかでも特に「訪問介護計画書の作成」は「しっかり学びたい」けれど「学

べない」という状況にあるようです。よっていつの間にか不安に感じ、疲弊してしまう、専門性に疑念をもたれてしまう等のことが起きるのでしょう。

本書には、そんな悩めるサービス提供責任者の皆さんが「そうだったのか！」と思える出会いがぎっしりと詰まっているはずです。

著者の３人は日ごろ訪問介護の現場を走り回り、要介護高齢者の生活に寄り添い、喜怒哀楽をともにしている生粋のサービス提供責任者たちです。

監修を依頼された際、話をうかがいながら、それぞれが同様のことに悩み、考え抜いた歴史や専門職としての矜持を感じたことを思い出します。

本書を手にされた皆さんも地域の中を走り回る「生粋のサービス提供責任者」でしょう？

どうかくり返し本書を読み返し活用してみてください。皆さんの街が『ホームヘルパーが働きたいと思う街No.1』になる一助にきっとなることと思いますから。

監修　石田英一郎・坂本文典

監修・執筆者一覧

監修

石田英一郎　life design village　FLAT 管理者　介護福祉士・主任介護支援専門員

坂本文典　さくら貝サービス事業所　所長　社会福祉士・主任介護支援専門員

執筆者

高辻恵示　さくら貝サービス事業所　管理者　サービス提供責任者・介護福祉士

佐々木香織　あるぷすヘルパーステーション　サービス提供責任者・介護福祉士

平山智也　さくら貝サービス事業所　サービス提供責任者・介護福祉士

「サ責のお助けシート」ダウンロードはこちら

本書で使用した「サ責のお助けシート」は、ここからダウンロードできます。

https://www.chuohoki.co.jp/movie/8199

サービス提供責任者のための
訪問介護計画作成ガイドブック

2020年9月10日　初 版 発 行
2022年7月10日　初版第2刷発行

監　修　石田英一郎、坂本文典
著　者　高辻恵示、佐々木香織、平山智也
発行者　荘村明彦
発行所　中央法規出版株式会社
〒110-0016　東京都台東区台東3-29-1　中央法規ビル
Tel. 03-6387-3196
https://www.chuohoki.co.jp/

装幀・本文デザイン　株式会社ジャパンマテリアル／北田英梨
装幀・本文イラスト　有澤好洋
印刷・製本　株式会社太洋社
ISBN978-4-8058-8199-6

定価はカバーに表示してあります。

落丁本・乱丁本はお取り替えいたします。

本書の内容に関するご質問については、下記URLから「お問い合わせフォーム」にご入力いただきますようお願いいたします。
https://www.chuohoki.co.jp/contact/